形意拳精华套路与健身功法

吴会忠 常建强 著

山西出版传媒集团
山西人民出版社

图书在版编目（CIP）数据

形意拳精华套路与健身功法 / 吴会忠，常建强著.
——太原：山西人民出版社，2019.4
ISBN 978-7-203-10602-9

Ⅰ.①形… Ⅱ.①吴… ②常… Ⅲ.①形意拳—基本知识 Ⅳ.①G852.14

中国版本图书馆CIP数据核字（2018）第270433号

形意拳精华套路与健身功法

著　　者	吴会忠　常建强
责任编辑	张慧兵
复　　审	李　颖
终　　审	姚　军
装帧设计	张慧兵
出 版 者	山西出版传媒集团·山西人民出版社
地　　址	太原市建设南路21号
邮　　编	030012
发行营销	0351-4922220　4955996　4956039　4922127（传真）
天猫官网	https://sxrmcbs.tmall.com　电话：0351-4922159
E－mail	sxskcb@163.com　发行部 sxskcb@126.com　总编室
网　　址	http://www.sxskcb.com
经 销 者	山西出版传媒集团·山西人民出版社
承 印 者	山西智慧景潮包装印刷有限公司
开　　本	787mm×1092mm　1/16
印　　张	14
字　　数	220千字
印　　数	1—9000册
版　　次	2019年4月　第1版
印　　次	2019年4月　第1次印刷
书　　号	ISBN 978-7-203-10602-9
定　　价	48.00元

如有印装质量问题请与本社联系调换

序 言

形随意转，意自形生。形意拳是中国传统武术四大名拳之一，由于其拳理严谨缜密，套路朴实无华，拳势灵动沉稳，劲力松悍刚整，内外兼修，刚柔相济，练习者既可养生健体，又可防身护身，成为我国传统文化之瑰宝。2011年被国务院列入国家级非物质文化遗产名录。

师兄吴会忠，是太谷中学的形意拳教练，六岁随本家大爷吴连富、爷爷吴殿科学习传统形意拳，二老皆为刘俭（车毅斋弟子）弟子，后经大爷吴连富向其弟子杨凡生推荐，16岁时拜杨凡生为师。去年春节，我和师父张西征（杨凡生师弟）到太谷参加活动，师兄邀我和他整理出版多年教学和实践中的形意拳文稿，出于对他的敬佩和传承宣传形意拳的考虑，我欣然接受。

本书共分五章十节，系统介绍了形意拳的演变传承过程和五行、十二形、挨身炮等形意拳主要套路的练习方法，并遵守形意拳阴阳为母、性命双修、养内为主的练功方法，讲解了龙形、虎形、猿形、熊形、调养等五种养生健身桩功的练习。还收录歌诀拳谱中对学习理解形意拳有帮助的名词解释、交手打法和拳法要领供读者领会参考。总之，本书言简意赅，动作配图和步伐线路清晰，从中国传统形意拳的角度诠释了功法套路的练习方法。

为了本书的出版，张西征、刘守仁和郭凤年等老拳师和太谷中学侯西强、康琳等师生给予了大力支持和帮助，在此表示由衷的感谢！

由于水平有限，不妥之处敬请同道批评指正！

常建强
于山西晋城形意拳训练基地
2019年2月

《形意拳精华套路与健身功法》编写委员会

顾　　问：张西征　刘守仁　郭凤年
总 策 划：侯西强
编　　著：吴会忠　常建强
编　　委：侯西强　康　琳　杨守文　籍钦光　徐纪山　王正荣
　　　　　原正东　张钢柱　杨立勇　杨　智　孔祥云　王东生
　　　　　董光杰　景　伟　荣　渊　杜鹏举　负国栋　曹建荣
　　　　　李逸风　姚志豪　师　耀　谢旺春　张晨宇　张双钢
　　　　　张双强　岳华睿　石　岭
封面设计：玄艺书局
摄　　影：赵东奇　赵耀晖
校　　对：李石玉　杜鹏举　李逸风
武术示范：姚志豪　杜国鑫　师　耀

目 录

第一章 拳理概述

第一节 形意拳的发展演变 … 2
一、心意六合拳及其传承 … 2
二、李飞羽与形意拳 … 4
三、车毅斋与形意拳 … 5

第二节 形意拳的拳法特点 … 7
第三节 形意拳的锻炼价值 … 9
第四节 形意拳锻炼要领 … 12
一、基本手型、步型、手法、步法、腿法 … 12
二、身体各部姿势要领 … 17
三、锻炼步骤及要点 … 20
四、教学中的注意事项 … 23

第二章 基本拳法

第一节 三体式（站桩） … 26
第二节 五行拳 … 29
一、五行拳动作名称 … 29
二、五行拳动作说明 … 30

第三节 十二形拳 … 47
一、十二形拳动作名称 … 47
二、十二形拳动作说明 … 50

第三章 单练套路

第一节 五行连环拳 … 92

一、五行连环拳动作名称　　92
　　二、五行连环拳动作说明　　93
第二节　杂式捶　　100
　　一、杂式捶动作名称　　100
　　二、杂式捶动作说明　　101
第三节　形意连拳（综合形意拳）　　120
　　一、形意连拳动作名称　　121
　　二、形意连拳动作说明　　124

第四章　对练套路

第一节　五行相克　　168
第二节　三手炮　　173
　　一、定步练习法　　173
　　二、活步练习法　　175
第三节　挨身炮　　177
　　一、挨身炮动作名称　　177
　　二、挨身炮动作说明　　178

第五章　健身桩功

　　一、龙形功　　196
　　二、虎形功　　199
　　三、猿形功　　201
　　四、熊形功　　204
　　五、调养功　　206

参考资料

　　参考资料　　210

第一章 拳理概述

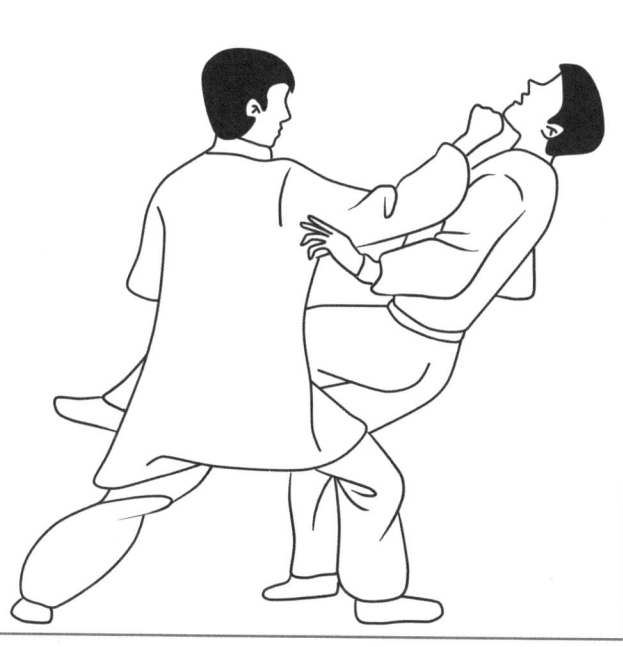

第一节 形意拳的发展演变

中国形意拳有三百多年的历史，是一种古老的传统拳术，为中国"四大名拳"之一，植根于姬际可创立的心意六合拳，来源于戴氏心意拳，李飞羽创传，完善于车毅斋的形意拳。

一、心意六合拳及其传承

关于心意六合拳（亦称心意拳）之创立，曾众说纷纭，莫衷一是。后经几代人的不懈努力，不断地调查核实、辨析考证，确认系山西蒲州人姬际可所创。

姬际可（1620—1702），字隆丰（亦称龙峰）。先祖姬从礼于明初由洪洞迁至蒲州，为八世姬训之次子。自幼喜文好武，稍长即赴少林寺学艺十载，颇得少林秘法。后来，少林寺方丈请他做了师傅，专授武功。是时，正值清王朝立国之初，各地反清志士云集少林。姬际可一向敬仰岳飞精忠报国的精神，以反清复明为己任，并与各路豪杰共谋反清大计。后因种种原因其志未遂，于是他将希望寄托于创拳立法之上，以传播其反清复明思想。在他所创心意六合拳之"子午桩"（又称"三才势"）中得以体现。歌诀云："虎避深山藏洞中，抱头隐身不露形。试看他日得志时，勇猛扑食踏山林。"他在少林寺期间，刻苦钻研秘籍，承袭了中国古代武学之传统和众多拳经之精华，诸如五行、阴阳、六合等原理，逐渐成为一名武学大家。他参照元代太原人白玉峰在少林寺创编的龙、虎、豹、蛇、鹤等五拳以及少林寺心意，并根据对一些飞禽走兽的细致观察和不断模仿其动作、特技进行练习，遂创编了心意六合拳。

现存足以证实姬际可创编心意六合拳的历史文献有《姬际可自述》（有些珍藏本为《姬际可述文》）（1686）、河南进士王自成所作《拳论质疑序》（1735）、曹继武所作《拳论十法摘要》、戴龙邦所作《心意六合拳序》（1750）等墨本。民国十四年（1925）的《车君毅斋纪念碑记》碑文中开宗明义指出：心意拳为"少林外家支派"。可见姬际可创立的心意拳吸取了中国历代武学的拳理、拳法精华（包括少林拳理、拳法）并使之融为一体，可以说，它是一种出自少林而又别于少林拳的一种具有独特风格的拳术。

姬际可创拳之后，有谱可查的姬氏传人为曹继武。曹继武（1665—1750之后），名日玮，秋浦人。从姬氏习心意六合拳十有二年，技勇方成。清康熙癸酉年（1693）武科联捷三元，钦命为陕西靖远总镇都督。后因宦途坎坷，致仕归籍。有谱可查的曹氏传人有马学礼（河南支代表人物）、戴龙邦（山西支代表人物）。

戴龙邦（1713—1802），字尔雷，山西祁县人。于池州从师于曹继武（戴龙邦从师学艺时曹继武自称为"南山郑氏"）习心意六合拳。戴龙邦在师祖、师傅所传心意六合拳的基础充实了内容。并于乾隆十五年（1750）从师命返晋，途经洛阳时，于马学礼家中亲撰《心意六合拳序》。戴龙邦为戴氏心意拳的创始人。其传人有戴文良、戴文英、戴文雄、郭维汉（内亲）等。

戴文雄（1778—1873），字二闾，山西祁县人，系戴龙邦之子。为戴氏心意拳的主要承传人。也是打破家训，首将戴氏祖传心意拳外传的第一人。"戴氏祖传心意拳，少林外家之派，外传李老农。（《车君毅斋纪念碑记》）"其传人有戴五冒（子）、戴良栋（本族）、李老农、赵寿祺、孙质、马培德、贾大俊、李枝兰、朱喜、温老六等。

李老农（1803—1888），名飞羽，字能然，直隶深州人。李氏于道光十六年（1836）千里迢迢慕戴二闾名来到山西祁县。几经周折于道光十九年（1839）拜戴二闾为师学习戴氏心意拳。道光二十九年（1849），李老农受太谷富绅孟𦈎如之聘到了太谷。"老农为吾世丈孟𦈎如先生座上客，再传车毅斋"（《车君毅斋纪念碑记》），李首将戴氏祖传心意拳在太谷传授。李老农在太谷的传人有车毅斋、贺运亨、李广亨、宋世荣等。

二、李飞羽与形意拳

李老农到太谷护院期间便开始传授心意拳。当时在太谷城内为富商"吉安堂"武柏年作车夫的车二有幸结识了李老农。自幼喜拳弄棒的车二在雇主的支持下开始随老农师学练心意拳艺。咸丰六年（1856）在孟綍如主持下并征得戴二闾的同意，李老农正式收车二为徒。孟綍如书写师承帖时，为他师徒俩起名取字。李老农，名飞羽，字能然；车二，名永宏，字毅斋。咸丰十一年（1861），李飞羽又收太谷人贺运亨、榆次人李广亨（时随父在太谷城内西大街"中兴正"经商）为徒。同治二年（1863），李飞羽加入太谷镖行，因忙于镖务，次年冬，便将弟子车毅斋托于师父戴二闾栽培。同治五年（1866），收直隶大兴人宋世荣（时随其父宋永禄在太谷经商）为徒。同治六年（1867），回归直隶深州故里。

李老农在山西太谷的18年中经历了护院、传拳、保镖、改革创新（对心意拳）等几个历程。尤其在心意拳的改革及形意拳的创新上付出了大量的心血与汗水。李老农首在太谷传拳时仍称心意拳。在太谷护院传拳、保镖期间接触了无数的武林高手，在千百次与人交手的实战中，他已潜移默化地将自己原来所学之拳法逐步改进。一次，老农、车二师徒二人在孟綍如先生的指引下来到"元顺昌"（字号名），师徒二人受化银工人剪元宝步势的启迪，经过反复琢磨演练，决定将原来所练之步势改为化银匠剪元宝的步势，当初叫"坐银剪步"。后来他将古老的"子午桩"（亦称"三才势"）中虎步改为"坐银剪步"，上肢与下肢相呼应，于是创编了新的桩功——"三体式"桩功，将人体分躯干、上肢、下肢三部分而名之。后将这一步势叫"半马步"或"三体式"步。三体式桩功的确立，为他所传之拳的改革奠定了基础。为了简化原来所练拳式并增强其技击性与实用性，经他师徒们再三研究演练，决定将原来所练之烦琐的象形拳各取一动物的一种特技体现于拳法中。如虎形练法，取虎束身离穴之技、扑食之勇而立法为拳等。简化拳式的原则是像其形而取其意。在孟綍如等通武之文人的帮助下，老农、车二潜心于心意拳术的研究、改革、创新。先后对戴氏心意拳拳名、拳理、拳法进行了深入细致的研讨。李老农认为，自己改革后的心意拳已与过去的拳法发生了较大的变化，真正体现了"心意诚于中，而肢体形与外"的特点。况且"心意"本同一理，均成思于内；而"形意"则兼"外形"与"内意"双重含义，即内与外的结合、思与行的统一。于是李老农首先提出将自己改革后的拳名称为"形意拳"的想法。此后，始有形意拳之闻名于世。形意拳名的确立，不仅仅是拳名的简单变更，事实上，从拳理、拳法、拳式、功法、势法、练法上均发生了重大变化。它标志着新生事物的诞生，标志着中华武术中增添了新的内容。对此，李飞羽及其弟子车毅斋等倾注了毕生的精力。

三、车毅斋与形意拳

车毅斋，名永宏，因排行为二，人称车二师傅，山西太谷人。生于清道光十三年（1833），卒于民国三年（1914）。形意鼻祖李飞羽的首传弟子，是形意拳承上启下的核心人物。

同治六年（1867），李飞羽师傅因年事已高，回归直隶深州故里。而形意拳继续改革、创新、完善的重担落在了车毅斋肩上。车毅斋不辱使命，担当起重任。在富商众多、高手如林的古城太谷，在与无数高手的搏击实践中经过不断改革、创新，完善了形意拳。改革完善后的形意拳由形意拳拳理、拳法，形意拳从入门（包括桩功、形意弹腿等），形意基本拳式，形意单练套路，形意对练套路，形意技法以及形意器械等组成。由于它的理论体系完善，套路编排合理，技法独特科学，堪称中国武苑一枝奇葩。

在光绪十四年（1888），车毅斋应邀赴津打擂，拳败日人，威慑津门，为国争光。"日人奋然临，毅斋慢然应，倭败色沮，愿师之。毅斋婉谢焉。人问其故，毅斋曰：'岂可使吾国绝技而传之外人耶！'"（《车君毅斋纪念碑记》）真实地再现了当时的情景，清政府授予其"花翎五品军功"，以示嘉奖。此后，全国各地来太谷拜访、学艺者络绎不绝。直隶形意大师姜容樵于民国十九年（1930）所著《形意母拳》之"历史源流"中有这样的记述："北方自李洛能（李飞羽）传授形意时，仅五行连环十二形半数而已，至郭云深先生仍之。后由李存义先生及同门某公赴山西太谷寻访同门前辈精斯术者，乃得尽其所学而载之归，至是形意乃又一变。"姜容樵系刘奇兰（李飞羽弟子）先生高足张兆东弟子，曾受李存义先生教诲，文武双全，乃全国知名的武学大家。他所述之"山西太谷同门前辈精斯术者"就是车毅斋。是车毅斋为李存义等直隶形意同门补全了形意拳所有内容（即李飞羽没有传授的）。

多年来，形意拳在医疗卫生教育等部门也得到推广。形意拳在太谷各校得到广泛的普及，其中中小学已列入体育课内容并有规范的教材，为形意拳的传承、发展和普及起到了重要的作用。形意拳在2011年已列入"国家级非物质文化遗产"名录。

形意拳不仅流行于国内，而且在东南亚、日本、美国等地也有一定传播，不少爱好者建立了专门团体，出版了刊物。形意拳为促进中国人民和世界人民的文化交往作出了贡献。

第二节 形意拳的拳法特点

一、朴实明快：形意拳动作朴实，大多直来直往；一屈一伸，花法少，打起来明快有力，刚柔相兼，富于自然之美。就是技术熟练以后，也要求从朴实的动作中见功力，不可故弄花法，失去形意拳的固有风格。形意拳的这种特点与它的技击法则是一致的。形意拳在攻防中强调快攻直取，先发制人。出手"一寸为先""一发即至"，因而其拳法简洁朴实，明快有力。

二、严密紧凑：形意拳着重力量和速度。动作起动快，范围小"两肘不离肋，两手不离心，出手收手紧靠身体，好像拧绳一样，完整紧凑，毫不松懈。两手起如钢锉，落如钩竿"，短促严实，拧裹而发，并与身法、步法严密相合。出脚迈步时裹胯合裆，屈膝扣足，五趾抓地。转身时以腰为轴，快速严谨。这与长拳放长击远、大开大合的特点有明显区别。

三、沉实稳健：形意拳要求"迈步如行犁，落脚如生根"，桩步沉实，步法稳健。宽胸实腹，气沉丹田，气力合一。因此练形意拳要做到上体宽舒自然，下肢沉实稳健；动作既不漂浮，又不僵硬，使人感到外顺内实，庄重安逸，周身蕴藏着充沛的内在力量。

四、协调整齐：形意拳要求全身贯串，动作整齐，手脚相合。在它的打法歌诀中讲："打法定要先上身，手脚齐到方为真"，"手到脚不到，打人不得妙；手到脚也到，打人如拔草"。形意拳不仅要求手脚相合，而且要求手、眼、身、步处处相合，"一枝动，百枝随"。出手投足要三尖相对（手尖、脚尖、鼻尖），三节相随（梢节起、中节随、根节追）。在此基础上还要做到以意行气、以气使力，使意、气、力相配合，做到内外合一，全身"一动无有不合"。形意拳过去称为六合拳，即要求内三合：心与意合（也称神与意合或心与眼合）、意与气合、气与力合。外三合：肩与胯合、肘与膝合，手与足合。高度概括了形意拳协调整齐的特点。

第三节 形意拳的锻炼价值

一、形意拳是一项有利身心的体育活动

形意拳有很好的健身作用。它对人体肌肉和力量的锻炼作用很明显。身体健壮的青壮年，通过打拳可首先使周身肌肉发达。形意拳家称这步功夫是"筑其基、壮其体"，为以后提高打下基础。

形意拳两臂伸缩要靠紧肋部，造成摩擦阻力；两手起落时，先外旋向上钻出，而后向内螺旋翻转，使前臂肌肉和肱二头肌、肱三头肌、肩三角肌都产生一个拧转裹抱的过程。形意拳强调裹劲、拧劲、抱劲、争劲、螺旋劲等等，都是通过各部肌肉的伸展收缩、相互制约和争衡达到锻炼的目的。

形意拳对步型、步法也有严格的要求。以"进步"来说，它要求迈步远、速度快、落地稳，身体不可忽高忽低，下肢要承受很大的负荷。在十二形拳术中，通过各种跳跃、起伏和快速转折动作，使肌肉和韧带得到更全面的锻炼。如鸡形中的"金鸡抖翎"和"金鸡报晓"动作，不但要求桩步稳固，两臂充满撑劲，两掌挑劲、按劲，还要求腹肌、腰肌、背肌相应发出弹力和抖擞力。长期练习形意拳，周身肌肉会逐步充实丰满起来，具有更大活力。

形意拳对神经系统也有很好的训练。这种活动要求眼到、手到、脚到、身到，周身一气，四肢协调。同时还要精神贯注，形神合一，以意识引导动作。这样使大脑皮层在运动中处于有规律的兴奋状态，对中枢神经和脑功能起到很好的调节训练

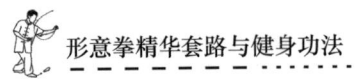

作用。这种精神专一的运动兴奋,又使大脑皮层中的其余部分得到保护性抑制,这对脑力劳动者更是一种积极性的休息。因此在工作之余,适当练上几趟形意拳,略出一点汗,不但不觉倦累,反觉心情舒畅,精力充沛。

形意拳对内脏器官和呼吸机能也有很好的影响。它要求松胸实腹,气沉丹田,有意识地增加呼吸深度,加强膈肌上下运动,这样经过长期锻炼,呼吸机能会得到增强。由于形意拳较多地运用腹式呼吸,横膈膜上下推压,加强腹腔内脏器官的蠕动,对加速腹腔血液循环、促进消化和体内新陈代谢都有帮助。

形意拳很多姿势动作象形思意,吸取了多种动物特长,在手、眼、身、步、法上各有其妙。如模仿猴的轻灵、虎的勇猛、燕的敏捷、蛇的柔韧,对速度、力量、灵敏、柔韧各有不同侧重。这些活动是群众长期锻炼实践的结晶,能够全面地培养人们的各项身体素质和意志品质。

二、形意拳具有鲜明的武术攻防特点

在形意拳发展中,创造积累了丰富的技击理论和攻防战术、技术。这些不仅体现在体育锻炼之中,而且对培养攻防意识,训练击打技术也具有积极的现实作用。在战略、战术上,形意拳强调下述内容:

1. 敢打必胜、勇往直前——形意拳要求"遇敌有主,临危不惧""能在一思进,莫在一思存""搏斗中树立克敌制胜的信心"。在它的拳谚中,一再突出战斗进取精神,如"打人如走路,看人如蒿草""操练时,面前如有人;交手时,有人似无人""交勇者不可思误,思误者寸步难行""怒气填胸,摧敌何难"等等。

2. 收放快速,以我为主——形意拳强调"眼明手快,踊跃直吞""起如风,落如箭,打倒还嫌慢"。遇敌交手要求先发制人,快速突然,一发即至。"乘其无备而攻之,由其不意而出之""有意莫带形,带形必不赢""蓄意须防被察觉,起势好似卷地风"战术上,提倡以我为主,近打快打,"进即闪,闪即进,不必远求"。出手时抢占正门,夺取有利位置。"脚踩中门夺地位,就是神仙也难防。"

3. 七拳并用,虚实结合——形意拳称头、肩、肘、手、胯、膝、脚为"七拳",处处可发,处处可用。"远了便上手,近来便加肘;远了用脚踢,近来便加膝。""脚打七分手打三,五行四梢要合全。"交手中虚虚实实,如虎之行无声,龙之行莫测,使敌手难以捉摸和防御。拳谚说"拳打三节不见形,如见形影不为能"。

4. 知己知人，相机而行——形意拳主张因敌变化，"与敌相交，不可拘使成法，须相敌之情形而行之"。做到"拳无拳，意无意，无意之中是真意"方算最上乘功夫。对敌须察言观色，攻防结合，技术上有顾法、截法，敌动机方露，我迅即拦截，意到手到，手到劲发，刚柔虚实，起落变化，"总相机而行"。形意拳要求技击中要体现"六方"之妙。即做到：工（巧妙）、顺（自然）、勇（果断）、疾（快速）、狠（不容情）、真（勿使对手变化逃脱）。

形意拳在攻防技术上有丰富的内容，在其徒手练习和器械练习中，包含有很多手法、步法、腿法和器械使用方法，都具有一定的攻防含义。有的可以直接运用在实战技击中，有些可以借鉴参考，作为训练实战技术的手段。

三、形意拳有良好的体育医疗作用

形意拳术，动作中正不倚，打法可刚可柔，不同年龄、不同体质的人都可以从事锻炼。体质衰弱且患有某些慢性疾病的人，也可以选择部分内容，采取柔和的练法，或者专门从事"桩功"练习，作为医疗保健手段。近年来一些医疗单位（如哈尔滨医科大学附属医院），在临床应用上，对高血压、气管炎、神经衰弱等疾病患者，进行了以"形意桩功"为主的综合治疗，取得了很好的医疗效果。作为医疗手段，应选择简单易做的姿势动作，练习中保持心静气顺，势正体松，意念高度集中，引导动作，以消除中枢神经系统的紊乱，改善内脏器官机能，活跃情绪，增强体质。这种动静结合的保健医疗方法，与我国的呼吸养生法、太极拳运动，具有异曲同工之效。一些肢体不经常活动的病患者，在正确指导下从事这种练习，更易于收到显著效果。

第四节 形意拳锻炼要领

一、基本手型、步型、手法、步法、腿法

这里介绍的是经常遇到和在本书中出现的内容，采用的名称术语以多数人的沿用习惯为准。

（一）手型——手在运转和静止时的形态

（1）拳：小指、无名指、中指、食指依次卷曲握紧，拇指端节压在食指和中指的第二节指骨上，拳面略向下倾斜，如螺旋形（亦称螺丝拳）。拳的主要部位包括：拳眼、拳心、拳面、拳背、拳轮（图1-1）。当拳眼向上时，叫立拳；掌心向上时，叫仰拳；拳背向上时，叫俯拳。

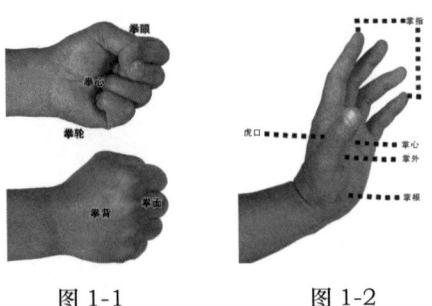

图1-1　　　　图1-2

（2）掌：拳心向上叫倚拳。

圆形掌（形意掌）：五指自然分开，拇指展向外，食指上挑，虎口撑圆，其余三指微屈向上，掌心内含，呈星球面状（图1-2）。

麟角掌（八字掌）：拇指和食指伸直撑开成八字，其余三指自然卷屈（图1-3）。

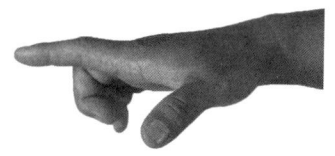

图1-3

剑指掌：食指、中指并拢伸直，无名指、小指自然卷曲，拇指弯曲并向外分开（图1-4）。

掌的部位包括：掌指、掌心、虎口、掌外缘、掌根。上外缘（小指一侧）朝上时——反掌。

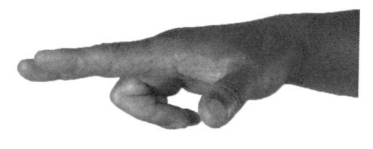 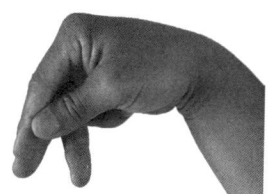

图1-4　　　　　　　　图1-5

（3）刁勾：向下屈腕，小指、无名指、中指、食指依次屈折（指尖不撮拢），拇指伸直，贴于食指、中指第二节指骨处（图1-5）。此手型多在形意拳对练中采用。

（二）步型——定势时下肢的姿态

（1）虚步：两脚前后相距20~60厘米不等。两腿屈膝半蹲，前虚后实，膝微内扣，重心大部坐于后腿。两脚脚跟前后相对，两脚全脚掌着地，前脚直向前，后脚外展约45°。当两脚相距在50厘米左右时，又称三体式步或形意步，此步型在练习中应用最多。

（2）弓步：两腿前后分开，前腿屈膝前弓，脚尖向前，膝部与脚尖垂直；后腿自然蹬直，脚尖外展约45°，两脚皆全脚着地踏实。

（3）仆步：一腿屈膝全蹲，臀部靠近脚跟；另一腿向侧方，伸出铺直，接近地面。两脚皆全脚掌着地，脚尖稍外展。

（4）马步：两腿分开，屈膝半蹲，重心在两腿中间，两脚平行向前，相距约二至三脚长，两膝向内微扣。

（5）半马步：前腿稍屈，脚微内扣，后腿半蹲，脚横向外；两脚全脚着地，相距二至三脚长；体重偏于后腿。

（6）独立步（提步、鸡形步）：一腿屈膝半蹲，支撑体重，另一腿提起，贴靠在支撑腿内侧，脚停于支撑腿踝关节处，脚尖向前，脚掌与地面平行。

（7）坐盘步（歇步、剪子股步）：两腿交叉，前后相迭，屈膝全蹲或半蹲。前脚横向外，全脚着地；后脚直向前，前脚掌着地，脚跟离地。后腿膝部顶在前腿膝窝处。全蹲时，称全坐盘步；半蹲时，称半坐盘步。

（8）绞剪步（叉步）：两腿交叉，前腿屈膝前弓，脚尖斜向外，全脚着地；后腿微屈，脚尖向前，脚跟微离地面，体重偏于前腿，上体经前腿一侧向后拧转。

（9）丁虚步：一腿屈膝半蹲支撑体重，另一腿前脚掌虚点地面，停于支撑脚前面或内侧。

（10）骑龙步：两腿近似弓步，惟步幅略小，后腿弯曲，后脚跟微离地面，重心偏于前腿或落于两腿之间。

（11）高提步（提膝独立步）：一腿直立（或微屈）站稳，支撑体重；另一腿屈膝高抬，脚尖下垂或上勾，大腿高于水平。

（三）手法——上肢转换和技击的方法

1. 劈拳（掌）：拳经胸前向前向上钻伸，至口前拳内旋成立拳，由上向前、向上劈出，顺肩坠肘，臂微屈，拳高与肩平。或者以拳轮或掌外缘着力，由上向下劈，如劈物状。

2. 崩拳：拳由腰部直向前旋转冲出，拳眼向上，高不过肩，低不过腰，臂微屈，拳面略下倾，力达拳面。

3. 钻拳：拳由下经胸部向上向前冲出，高不过眼，低不过口，拳心斜向里，拳面斜向上，肘向下坠，前臂向外拧。

4. 炮拳（架冲拳）：一拳由下经胸前向上钻起，再翻转上架，停于额角前上方，拳眼斜向下，拳心向外，另一拳经肋部旋转向前（或斜前）冲出，拳眼向上，高不过肩，低不过腰。

5. 横拳：一拳经由异侧前臂下面旋转向斜前方冲出（或拨出），路线呈弧形，拳心向上，高不过肩，低不过腰，肘部微屈。

6. 撩拳、撩掌：拳（立拳）、掌（侧掌）由下向前、向上撩出称前撩；由下向后、向上撩出，称后撩，如拳眼向下或反掌撩出，称反撩。撩出之拳（掌）高不过肩，低不过腰。

7. 挑拳、挑掌：立拳或侧掌，由下向前上挑起，高过肩部。

8. 砸拳：用拳心或拳背由上向下砸，或把拳砸在另一掌心内。

9. 抱拳：两拳（或一拳一掌）由外向内抱于腹前或腰侧，前臂与腰部靠紧，拳心向上（或向内）。

10. 撑拳、撑掌：拳或掌向两侧（或上下）撑开，拳或掌心向外。

11. 推掌：立掌或侧立掌向前直推或向左右横推。

12. 撞掌：动作与推掌相似，惟臂不伸直，用力短促。

13. 托掌：掌心向前，掌指斜向下（倒立掌），由后向前托出。或仰掌经体侧向上托起。

14. 摇拳、插掌：拳面、掌指在前，拳或掌由上用力下插。插拳又称栽拳。

15. 摆掌：双掌（或单掌）经体前向一侧弧形摆动。

16. 架拳：拳由体前先向上钻，至头顶再向外翻转，架在头上方，拳眼向下。

17. 压拳、压掌：前臂外旋拳背、掌背用力下压。

18. 捋掌：立掌或侧掌由上向下或向后下方捋带。

19. 挂掌：掌顺对方来势，顺劲向斜上、斜下或斜后用力，以化开对方之手。

20. 穿掌：掌贴近另一手臂或肋部、大腿外侧，顺势穿出，根据不同穿伸方向，分为前穿掌、后穿掌、侧穿掌。

21. 分拳、分掌：两拳、两掌顺势向两侧或向前后分开。

22. 盖掌：掌由头上直向下猛按。

23. 按掌：掌心向前下方或向侧下方用力按出。

24. 扣拳、扣掌：拳、掌翻转向下扣劲。

25. 贯拳：拳由侧下向斜上方打出。

26. 抖拳：由身上发出一种弹力，透达于拳的前端，使拳向前或向左右抖动。

27. 削掌：用掌内缘（虎口一侧）向斜上用力，叫上削；用掌外缘（小指侧）向斜下用力，叫下削。

28. 掖掌：掌顺着肋部向身后插下。

29. 顶肘：手臂弯曲，肘尖用力向前或向左右顶撞。

30. 掩肘：前臂外旋，肘向里掩裹。

（四）步法——动作中，下肢的转换方法

1. 进步：前脚前进半步，或后脚前进一步（也称上步），或两脚依次前进皆称进步。

2. 退步：后脚后退半步或前脚后退一步，或两脚依次后退皆为退步。

3. 跟步：一脚进步以后，后脚随之跟进半步，落于前脚后侧（或接近前脚）。

4. 撤步：一脚退步以后，前脚随之后撤半步，接近后脚。

5. 垫步：移动前脚，脚尖外撇，为另一脚移动做好准备。

6. 磨胫步（提步）：后脚提收，经支撑腿内侧与踝关节凸起处接触微停后，再向前迈出。

7. 摆步：一脚弧形进步，落地时脚尖外撇，两脚成八字形。

8. 扣步：一脚弧形进步，落地时脚尖内扣，两脚尖相对成八字形。

9. 盖步：一脚提起，经支撑腿前向异侧落下。

10. 倒插步：一脚提起，经支撑腿后向异侧落下。

11. 换步：两脚前后位置交换。

12. 顺步：定式后，同侧手脚在前，称顺步姿势。

13. 拗步：定式后，异侧手脚在前，称拗步姿势。

14. 跳步（换跳步）：双脚蹬地，身体腾空，在空中转体或两脚交换位置落地。

15. 纵跳步：一腿提起，支撑腿用力向前纵跳，仍由原支撑腿落地。

16. 纵步：前腿用力蹬地，后脚贴近地面尽力向前纵一大步（身体不可上纵），当脚将落未落之时，蹬地脚迅速离地提收，成磨胫步。

17. 跃步：前脚用力蹬地，使身体腾空前跃，落地时，另一腿先着地，接着蹬地腿再向前迈出。

18. 并步：一脚向另一脚并拢。并步后，两脚平行向前，或一脚直前，另一脚外展，两脚脚跟靠拢。

19. 踏步：一脚用力踏地，另一脚迅即提起，抬脚勿过高。

（五）腿法——下肢的击打方法

1. 踢腿：一腿支撑，另一腿伸直，脚尖勾起，由地面直向上踢，力达脚尖。
2. 蹬腿：一腿支撑，另一腿屈膝提起，然后脚尖上勾，脚跟着力前蹬。
3. 踩脚：一腿支撑，另一腿屈膝提起，脚尖上勾外展，脚跟着力向前、向下踩出。
4. 点脚：一腿支撑，另一腿屈膝提起，脚面绷直，脚尖用力直向前点（伸）出，力达脚尖。

形意拳的腿法，在套路中多用踢、蹬、踩、点四法。但在腰腿基本功练习时，与其他拳种一样，应采取踢、压、耗、摆、勾、弹、扫、挂等多种手段的练习。初学时，特别应注意直摆性和屈伸性的腿法练习，增强腿、胯、腰的柔韧灵活，打好腰腿基础，以后打起拳来，方能灵活稳健，富有弹性。有人认为形意拳重拳不重腿，忽视腿功练习，这是不正确的。

二、身体各部姿势要领

（一）头要上顶、颈要竖直

在形意拳理论中，称"头为周身之主"。打拳时，头要保持中正，颈部有意识地竖立起来，好像顶着东西怕掉下来的样子。动作尽管有起落旋转，头部始终要向上顶劲，不可俯仰歪斜或自由摇晃。形意拳对头部的要求，和太极拳的"虚领顶劲""头顶悬"大致相同。太极拳行功心解中说："精神能提得起，则无迟重之虞，所谓头顶悬也。"形意拳理论强调"头部正直，精气贯顶"。在顶头要领中，既要避免颈部松弛无力，又要防止颈部紧张僵硬。在形意拳古拳论中，把周身各部姿势要领概括为"八要"，也称"八字诀"。即：一顶（头顶、掌顶、舌顶）、二扣（肩扣、手足扣、牙扣）、三圆（背圆、胸圆、虎口圆）、四敏（心敏、眼敏、手敏）、五抱（丹田抱、心意抱、两臂抱）、六垂（气垂、肩垂、肘垂）、七屈（臂屈、腿屈、腕屈）、八挺（颈挺、腰脊挺、膝挺）。其中所谈"颈挺"是要求颈部舒展，自然竖直。不可做成头颈梗直、僵挺板滞，阻碍头部灵活转动。

（二）神态要自然，精神要集中，不可皱眉努目，咬牙切齿

口要自然合闭，牙要上下扣好，舌尖抵住上颚，以利津液分泌。呼吸要用鼻孔，

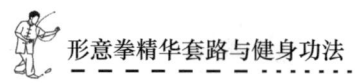

不可张口。下颏注意向里收合，不可外突。

（三）肩要松、肘要坠

"松肩"也称为"沉肩"或"垂肩"。练习中，要随时注意肩关节松沉；肘关节松坠；肩窝处微微向后收引。这样不但促进上肢的舒展，并且使上肢关节肌肉产生一股争衡力量，动作沉稳扎实。松肩和舒胸（含胸）结合起来，还可以帮助向下沉气，使下肢更加稳固。形意拳的打拳出掌，臂部不要完全伸直，肘关节略呈弯曲下坠，这和长拳的练法不同。凡是两臂收放，肘部要紧靠两肋，使整个身体的力量贯注到上肢，周身完整一气。

（四）腕要塌、掌要撑、拳要紧

在上肢活动中，形意拳称手为梢节、肘为中节、肩为根节。

形意拳除了少数动作用掌方法稍有不同（如鸡形、龙形、猴形等），在基本练法中，出掌的手形都要求腕部下塌，掌心向前下方，既有向前顶的力量，也含有向下按的力量。五指要分开，食指向上挑劲，拇指尽力向外撑，虎口成半圆形。掌心内含，手的各部都不可松软懈怠。根据这些要求不断地操练，会使指、腕各部的力量有很大增长。凡属握拳的动作，初步要求握紧，以增加臂部的力量。拇指全屈，端节压于食指、中指中节之上。向前打拳时，腕部不可上翘，拳面微向前倾，力量贯注到拳的最前端。

（五）背要拔、胸要含

"拔背"也叫"紧背""圆背"，它是由两个方面构成的。第一：由于头向上顶，颈部竖直；腰部向下塌，就使脊背有上下拔的感觉。第二：借助于两肩松沉，肩窝后引，胸部内含，掌或拳向前伸，背阔肌尽力向左右伸展。这样使背部肌肉上下左右都维持一种张力，得到锻炼。

"含胸"又称"舒胸""松胸"，是指胸部舒松含蓄，不可挺胸外突。含胸和拔背是相互联系的。做到了拔背也就体现出了含胸；如果胸部突出，两肩后张，则背也就谈不到"拔"了。含胸拔背完全顺乎人体的自然形态，不要故意造作。挺胸收腹或者弓背缩胸，都是不正确的。不要因为"松肩"，而使背部过分前扣，形成"驼背"；也不要只注意脊椎挺直，忽略了背肌的左右伸展，造成挺胸或鼓腹的毛病。在形意拳练习中，含胸拔背的姿势不是一成不变的，应随动作的变化有所伸缩，以助拳势，也使胸背得到更多的锻炼。

（六）腰要塌、脊要正

形意拳动作朴实无华，蹿蹦跳跃较少，所有变着换势，左旋右转，着重于周身的完整和协调。如果腰部松软无力，整个动作就会失掉重心，打拳出脚必然漂浮。因此，在练拳过程中，腰部始终要塌住劲，起到主宰作用。形意拳歌诀中讲："前俯后仰，其势不劲；左侧右倚，皆身之病。"又说："身如弩弓，拳如箭"。这些恰当地表明了腰身的形态和作用。如果躯干不能贯串挺拔，起不了"弩"的作用，动作一定支离破碎，飘浮无力。塌腰绝不是腰脊僵滞，而是松展自然，富有弹性，成为上下肢动作的枢纽。脊椎的要领和腰部不可分割，只要注意塌腰和顶头，就会做到脊椎正直。练习中，随动作转换，脊骨应有所伸缩、转折，以帮助臂、腿、腰的蓄劲发力，但不能故意扭曲和摇摆。

（七）臀要敛、肛要提

形意拳要求臀部有意识地向里收敛，不可外突翻臀，有的称为"提肛裹胯"或"谷道内提"（肛门为谷道）。收敛的方法是肛门的括约肌稍加收缩上提，好像忍住大便的样子，但是不可紧张前挺。这样就约束了臀部外突，保证了腰脊和尾骨的中正，也促进了含胸拔背、气沉丹田。所以形意拳歌诀中说"提领臀部，气贯四梢"。

（八）胯要松要缩、膝要扣要活、足要平要稳

形意拳要求两腿进退稳健，机敏灵活，它的步法以直进直退为主，以桩步为根本。训练中强调"手要急、足要轻，把式走动如猫行。心要正、眼要精，手足齐到定要赢"。因此形意拳要求动步敏捷，落脚稳健，髋、膝、足各部紧密配合，毫不松懈。在进退中，以胯催膝，以膝催脚，胯为根节、膝为中节、足为梢节。站桩时，髋关节要放松，同时微向里缩劲，它与敛臀相结合，就可保持上体的正直；膝关节应弯曲，微向内扣劲，不可散乱外敞，以利下肢沉实稳定；两腿弯曲要适度，太直僵滞，过屈无力。应做到挺而不僵，松而不软；两脚要保持平稳，五趾抓地。动作时，胯部松缩可以避免上体俯仰歪斜，保证周身在进退中完整一致；膝关节松活自然，能帮助前脚起落伸展和后脚充分蹬地发劲，从而促使步法灵活，步幅加大，落势稳健，劲力更富有弹性。

上述各姿势要领是互相关联、互相影响的。初学者一定要打好基础，通过站桩和多种基本练习，认真体会掌握要领。现将初学者常犯的姿势错误列举如下：

1. 歪头、缩颈。由于紧张，造成头部歪扭，颈部僵硬或头颈松软、摇晃。

2. 俯仰、歪斜。身法失去中正，前俯后仰，左歪右斜。或扭臀扭胯，身体失去重心。

3. 耸肩、直臂。两肩向上耸起，或一高一低；打拳伸掌手僵直。

4. 努气、挺胸。两肩后张，胸部前挺，生硬憋气、鼓力。

5. 驼背、弓腰。腰脊弯曲不直，不能舒展支撑。

6. 突臀、提腹。臀部向后突出，或者左右扭摆。腹部收缩上提，造成呼吸短促，胸腔紧张，下肢飘浮。

7. 拢指、扬拳。打立拳时，腕部向上翘起，力量分散，打钻拳时，腕部折屈，拳向里回勾，或拧裹不够；出掌时，五指并拢，虎口松弛，掌心外凸。

8. 皱眉、瞪眼。神情紧张造作，咬牙切齿，皱眉瞪眼。或者头歪眼斜，精神涣散。挺胯、敞裆。胯部前挺，后腿僵滞，上体后仰，重心升高。或者裆部松弛，两膝外张，造成下肢松软。

9. 软膝、掀脚。膝部过屈，松软无力。脚趾不能向下抠地，后脚经常有"拔跟"现象（脚跟或脚外侧掀起离地）。

三、锻炼步骤及要点

练形意拳一般分为基础阶段、提高阶段、形意合一阶段。每个阶段技术程度不同，锻炼重点也有所区别。故总结了形意拳练习的三步功夫，并对"明劲、暗劲、化劲"三种练法做了精辟论述，成为近代形意拳学者的指导理论。

（一）基础阶段

初学形意拳，重点掌握基本姿势要领，学好基本动作，使"三型三法"（手型、步型、身型，手法、步法、身法）合度，做到式正招圆。正像写字一样，初步应当在横平竖直、笔笔落实方面下功夫。同时要通过锻炼，不断培养力量、速度、柔韧等身体素质，"练之以筑其基、以壮其体，骨体坚如铁石，形式气质威严如山"，为进一步打好基础。这一阶段称为"明劲"功夫，强调练习中"总以规矩不可易"。第一阶段的锻炼要点可以归纳为：正（姿势正确）、齐（动作整齐）、顺（进退和顺）、稳（均衡稳定）、实（力量充实）五点。

1. 姿势正确——学习形意拳应先由单式站桩（三体式或其他桩法）开始。通过站桩体会和掌握身体各部姿势要领，养成正确定型。桩步基础打好了，再进一步学定步劈拳（即不跟步的打法）。定步打好了再按照定步的规矩，练习活步劈拳。必须使每个姿势动作由静而动，由单式到套路，处处符合规矩，周身三节安排合体，不可草率。尤其要注意立身中正，支撑八面，上下相合，手尖、脚尖、鼻尖相互对照，全身各处皆不可散乱松懈。

2. 动作整齐——重点要做到手脚齐进齐落，拳法、步法不先不后，同时并进。形意拳理论讲"心气一发，四肢皆动"。如果能做到手脚一致，不仅动作准确，上下合拍，而且初步体现了周身完整统一。练明劲功夫，为了求得手脚齐落，脚落地时可以震地有声，并与上肢发劲结合。震地时脚要贴近地面，顺势向前（或向后）、向下踩落，不要故意抬脚跺地。初步打好基础之后，就可逐渐形成暗劲，脚落地时无声或微带声响，进一步求得全身协调。

3. 进退和顺——拳法变换，纵横交错，千变万化总处于运动之中。练习时不仅要手脚整齐，还要做到进退和顺，身体各部协调配合。只有在进退闪转变化中，身体各部位的运动路线、方向、时间以及定势后的角度、位置安排得当，才不会发生姿势失中、动作僵硬、呼吸紧张、定势不稳等现象。例如打炮拳时，打拳和上步虽然相合了，但如果前脚过分外摆或内扣，就会使腰胯歪扭，身体紧张，重心不稳。后手架得过高过偏，也会造成后肩耸起，上体歪斜。手脚不顺也必然引起呼吸困难。拳谚说"外不顺，内不合"，就是这个道理。因此从初学起，就要注意协调和顺，三尖要对，四梢要齐，上下要合，虚实要分清，立身中正不偏。这样，打起拳来才会自然顺遂。

4. 均衡稳定——形意拳疾速有力，动静分明，"起势如崩墙倒，落地如树栽根"。练习中要十分重视均衡稳定。稳定能力是随着技术熟练和身体素质的增强逐步提高的。在基础阶段，要有意识地培养下肢力量和腰腿柔韧性，反复巩固基本动作和基本要领。特别要站好桩功，做到上松下实，基础稳固，气势贯于头顶脚趾。打五行拳时，姿势要保持高矮一致，不可忽高忽低。进退起落，力求轻灵稳健。练十二形拳时，伸缩纵横，起落转换都要"动如风，稳如钉"，落步以后，屈膝裹胯，脚趾抠地，上体不可摇摆散乱。

5．力量充实——初练形意拳，拳要紧，步要稳，脚要实，发势迅猛，劲力饱满。使周身各部肌肉在相互摩擦抗争中得到锻炼。凡下肢进步，都要前脚贴近地面，竭力直向前，后脚则全力向后蹬地，做到"脚踩中门勿落空，消息全凭后足蹬"。上肢动作凡是前拳用力外旋向外拨转（横劲）的，后拳就用力内旋向里扣劲；左拳向上钻，右拳就向下拉（压劲），两手要争衡对拔，彼此呼应。两前臂要内外旋转，就像拧绳一样，起钻落翻，拧裹进退融成一体。两臂收放要贴紧身体，"两肘不离肋，两手不离心，出洞入洞紧随身"，和身上的发劲完整相合。

以上所说的"实"，不是浑身紧张。切不可挺胸提腹，憋气使用拙力。要保持精神镇静，胸部宽舒，腹部充实，呼吸自然，全身肌肉张弛结合。用劲的部位要刚中寓柔，快如闪电，其他部位则要自然舒展，松沉稳定。特别是心胸，总要保持空虚平静，毫不勉强。

（二）提高阶段

这个阶段的训练重点是：连（连贯）、圆（圆活）、柔（柔韧）、整（完整）四点。这个阶段称为"暗劲"功夫。"神气要舒展不拘，运用要圆活不滞。""练之以腾其膜，以长其筋，其劲纵横联络，生长无穷。"在训练中，要着重把基本姿势、基本动作连贯起来，熟练运用，使动作圆活完整，舒展细腻。连贯是指每一招式，七体具备，即头、肩、肘、手、膝、胯、足相互配合，彼此呼应。圆活完整则要求做到内外六合，上下七顺。即以首领身，以腰催胯，以胯催膝，以膝催足，以肩催肘，以肘催手，以手催指，周身浑然一体。这个阶段的身法训练要侧重柔韧性、灵活性。打拳可快可慢，快慢自如，势断劲连，劲变意连，既有明快节奏，又有断而复连、绵绵不断的气势。劲力运用要刚柔相济，含而不露。握拳不要过紧，发拳如拉弹簧，既坚实又有弹性。劈掌如同向前劈物。两手不论同时向前，或左拨右裹、上钻下压、前冲后拉都要含有韧性，较前阶段的明劲、刚劲有所不同。前者明快刚烈；后者含蓄、沉实、柔韧。迈步落脚的声音，也由大而小，由明而暗（微有音响）。这样练习，表面看来力量好像减少了，其实周身肌肉群的调动反而增加了，突出了周身完整性。劲力由表露于外转为蕴藏于内，提高了身体反应能力、速度、柔韧等素质。

（三）形意合一阶段

这是在前两个阶段的基础上，意识、动作高度结合，形神融化为一的高峰阶段。

称这阶段为"化劲"功夫。我们可以把它说成是形意合一、轻松自如的自动化阶段。这个阶段练起拳来，要求不为形式所拘，"身体转动，其轻如羽"，"清虚其心，轻松其体"，意领身随，意到手发。着重"意"的方面多，着重"形"的方面少。全身各部不可有丝毫拙力。在轻松柔和的活动中，随时可以调动身体各个部位，集中力点，结合呼吸，发出爆发力。过去武术家讲技击的发劲和意、气、力合一，都是指的这种动则变，变则发，快速集中，随心所欲的劲力技巧和高度协调性。

这一阶段的训练重点，应突出轻（轻松）、灵（灵巧）、虚（虚静）、合（形意合一）四个要领。其运动特点和用劲方法虽然和以前阶段有所不同，但是手、眼、身、法、步的基本要领是一致的，不过在动静、刚柔、虚实的变化方面，更充分体现了前述的"内外六合""形意合一"的要求。

以上三个阶段，是一个由基础到熟练，由熟练到精巧，逐步发展逐步提高的过程。然而万变不离其宗，每个阶段的基本要领都是一致的。每个习拳者，必须在最初阶段下苦功，打好基础，对每一个要领细心领会，体现在整个锻炼实践之中。

四、教学中的注意事项

（一）循序渐进逐步提高

学习形意拳不可因为动作简单，就贪多求快，不求甚解。应当按照练习步骤，打好基础，循序渐进地提高。一趟学不好，不学第二趟；基本练习打好了基础，再进一步练习套路和器械。一味贪多求快，姿势动作长期不得正确要领，势必事倍功半，身体机能也难以改善。往往有人觉得三体式、五行拳简单枯燥，因而轻视基础练习，希望早学套路，多学花样，取巧图捷。他们不重视基本功的训练，所以技术很难长进。

（二）锻炼要坚持

形意拳教学不受场地、时间等限制，便于在群众中广泛开展。不论室内室外，只要有一块平坦的通风场所就可以进行锻炼。锻炼一定要目的明确，持之以恒，有计划地每天按时操练。不能三天打鱼两天晒网。就是练过多年、具有一定基础的人，一曝十寒，经常间断，也收获不到锻炼的好处。体育锻炼时断时续，运动量忽大忽小，人体的肌肉、关节以及内脏器官都不能有效地适应，甚至可能造成身体的损伤。因此形意拳和任何体育活动一样，坚持锻炼是改善身体素质和提高技术水平的先决条件。

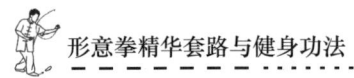

（三）因人制宜适当安排

过去有人认为，形意拳是一项刚猛的拳术，只有年轻力壮者才能从事，其实不然。很多形意拳名家都是在中年以后才取得成就的。如河北省的形意拳家李老农先生，37岁时才开始学习形意拳，十年之后，技术大成，人称"神拳李"。他的学生李镜斋是一位学者，63岁时才拜师学艺，后练至70余岁。实践证明，不仅青壮年能参加形意拳锻炼，年老、体弱同样可以参加，只是不同对象要因人制宜、适当安排。在练习内容、方法以及步骤、要求上应加以区别。年老体弱者，可以少打明劲，拳势稍缓；患有慢性病的人开始要以桩功和劈拳为主，逐步增加内容，提高强度。不同体质的人，运动量要有不同安排。教学中应当根据学者的具体情况制订出切实可行的锻炼计划。如：每次锻炼半小时或一小时，总共练习五套，每套连打两个来回，每打完一套，中间休息走动放松（不要坐下休息）5~7分钟。经过一段训练，就可以逐渐增加密度和强度。例如改为每套打三个来回，每打完一套，中间休息时间缩短，在姿势的高矮和步幅的大小方面也可适当地调整，这些都是调整运动量的手段。在正常情况下必须按计划有步骤地锻炼。如果临时有变动或身体不适，应从实际出发调整训练计划。每次锻炼后，应保持情绪高涨，精神舒畅不怠。

在教学训练中，要注意做好准备活动和整理活动，衣服、鞋子要柔软、轻便。

（四）呼吸要自然

挺胸、提腹、努气、拙力，是练形意拳的四大毛病。练习中要坚持松胸实腹，呼吸自然，不可勉强憋气。要做到这一点，必须在身法伸缩、步法进退、手法起落几方面做到协调和顺。外顺则内合。学者只要动作符合要领，身体安排合度，运动中当呼则呼，当吸则吸，则"气"自能畅行无阻，并与动作相配合。

有的人在练习中，结合着落势和发劲发出"哼"的声音，表示发劲完整，以气助力，气力合一。这种配合与呼吸自然是没有矛盾的，因为它是结合动作相应地呼气，不是故意造作。形意拳谱中也早有"雷声"的记载。其实，在形意拳演练中，不管意识到与否，总是向内蓄劲时吸气，向外发劲时呼气；变转时吸气，定势时呼气；收手时吸气，打拳劈掌时呼气。这样有利于力量集中，动作完整，气力相合，也完全适合人体生理需要和运动要求。然而对初学者来说，不必强调发劲时一定带有声音，以免配合不当。更不要有意识地控制呼吸，生硬勉强地凑合动作。在教学中应强调呼吸自然，强调动作和顺。

第二章 基本拳法

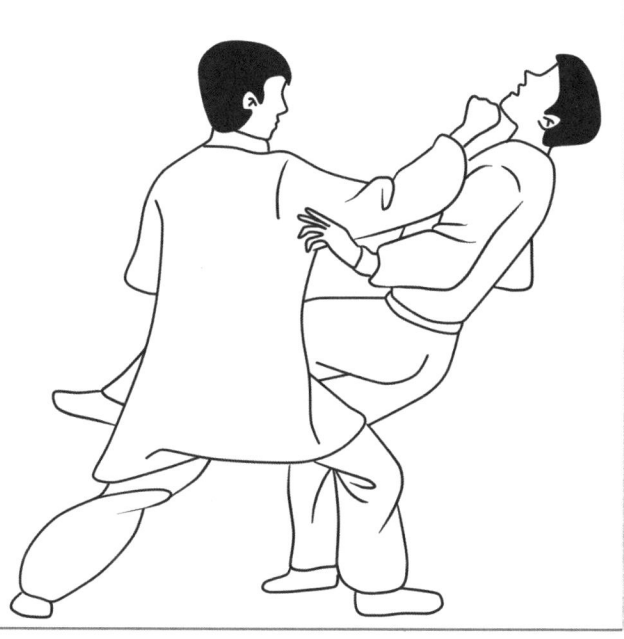

第一节 三体式（站桩）

三体式站桩是形意拳最重要的基本功。它把人体各部按照形意拳的要领安排成一个圆满完整的姿势，所有形意拳的动作都离不开这个姿势的基本法则。各种拳路尽管变化万端，但原理和要领与三体式是一致的，所以有"万法出于三体式"之说。具体练法如下：

一、身体直立，两臂自然下垂，头要端正；两脚脚跟靠拢，脚尖外展成90°；眼向前平看（图2-1）。

要点：精神集中，头颈自然竖直，面部要自然，口要合闭，舌尖抵住上腭，不要挺胸或拱背，全身任何部分都不可紧张。

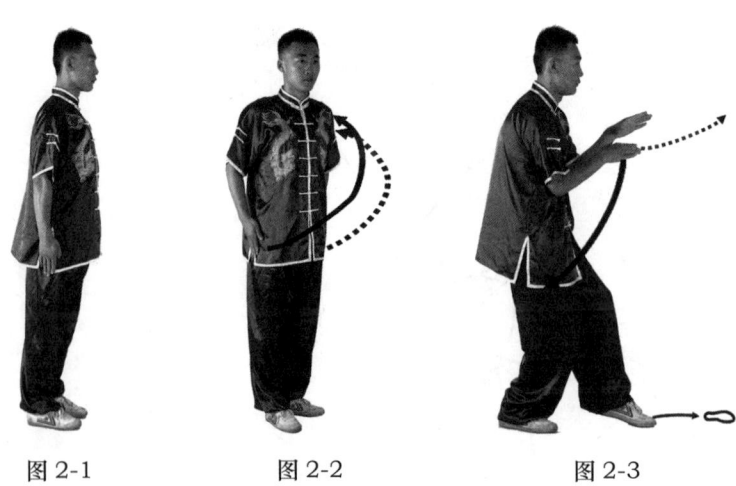

图2-1　　　　　图2-2　　　　　图2-3

二、左脚不动，右脚以脚跟为轴向右扭转45°，同时身体半面向右转；两臂仍垂在身体两侧（图2-2）。

要点：左脚向右转动时要和身体的转动一致，避免身体左右摇摆或肩部歪斜。

三、两腿慢慢向下弯曲，身体成半蹲姿势，体重偏于右腿，随即左前臂经体前向上提起，左手停于前（偏左），手心向下，手指向前；右前臂也随之向上提起，右手盖在左手背上（右手食指对准左手中指），两肘微屈；眼仍平看前方（图2-3）。

要点：身体不可俯仰，两肩向下松垂，两肘紧靠在两肋外侧，头要向上顶劲，胯部要缩，膝部要屈，腰部要塌，身体要稳定。

四、身体方向不变，左脚前进一步，两脚脚跟前后相对，相距约两脚长，两腿屈膝，重心偏于右腿；同时左掌前伸，肘部微屈，掌心向前下方，五指分开，掌心内含，高与胸齐；右手后撤落于腹前，拇指根节紧靠肚脐，手腕向下塌，眼看左掌食指（图2-4）。

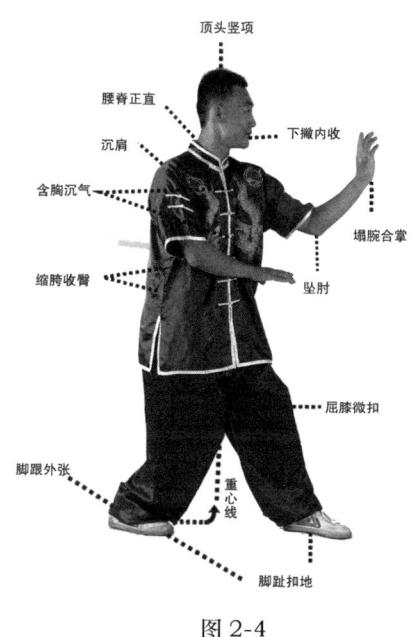

图2-4

要点：

（1）上体要正直。不俯不仰，侧向前方，与目视方向成斜45°。头向上顶，颈要竖直；面部要自然，牙齿轻扣，下颏略向内收。

（2）两肩向下松垂，肩窝处略向后缩，左臂（前手）肘部下垂，不可伸直，左手食指要向上挑劲，拇指尽力向外撑开，虎口成半圆形，掌心内含；右前臂靠在腹部右侧，右手五指也要撑开，腕部要塌住。

（3）胸部略向内含，不要紧张用力；两肋肌肉舒展（束肋）；心胸平静空虚，腹部自然充实（沉气），但不要故意鼓腹；背部肌肉尽力向两侧伸展（拔背）；腰要塌住；臀部不可向外突出，肛门部位的括约肌注意向里收缩（谷道内提）。

（4）两胯略向后收缩（缩胯），两膝微向里扣，前膝屈弓不要超过踝关节；臀部与后脚跟上下相对；两脚脚趾扣地；重心偏重右腿；前腿既虚且实，承担少部体重。

（5）呼吸要自然，精神要集中，身体力求稳固。

以上各部的要点，练习时务要处处安排好，不可忽略某一部分。这个姿势对培养练习者的内在力量、调节呼吸很有帮助。更重要的是：它集中地体现了形意拳的基本要求和特点，初学者可以从这里体会到锻炼的要点，打好基本功，给以后的练习铺平道路。就是有一定基础的人也要经常做这种"桩步"的练习，以便进一步掌握拳法要领，巩固桩步根基。

三体式除上面介绍的侧身单重练法外，还有侧身双重（体重平均落于两腿）练法、正身单重（上体和两脚皆直向前方）练法等不同形式。各种练法尽管形式有别，但对身体各部的要求是一致的。三体式的具体做法除上面介绍的做法外，各地流行的还有以下做法：1. 身体正面直立，随之屈膝半蹲，钻出右拳（左拳抱于腰间）；再迈出左步，劈出左掌成三体式。2. 身体正面直立，两掌从身体两侧托起，复握拳按落于腹前，同时屈膝半蹲；随之钻出右拳，再迈出左步，劈出左掌成三体式。

第二节 五行拳

五形拳包括劈、崩、钻、炮、横五种拳法，是形意拳最基本的练习。动作简单、规矩严谨、左右式反复练习。过去以金、木、水、火、土分别代表五拳，合称五行拳。其他各式拳法多由此演变而成。初学者应通过五行拳练习，打好基础。

一、五行拳动作名称

（一）劈拳

1. 预备式　　　2. 劈拳左起式　　　3. 劈拳右落式
4. 劈拳右起式　5. 劈拳左落式　　　6. 劈拳回身
7. 劈拳右起式　8. 劈拳收式

（二）崩拳

1. 预备式　　　2. 右崩拳　　　3. 左崩拳
4. 右崩拳　　　5. 左崩拳　　　6. 崩拳回身
7. 右崩拳　　　8. 崩拳收式

（三）钻拳

1. 预备式　　　2. 右钻拳　　　3. 左钻拳
4. 钻拳回身　　5. 钻拳收式

（四）炮拳

1. 预备式　　　　2. 右炮拳　　　　3. 左炮拳

4. 右炮拳　　　　5. 炮拳回身　　　6. 炮拳收式

（五）横拳

1. 预备式　　　　2. 右横拳　　　　3. 左横拳

4. 右横拳　　　　5. 横拳回身　　　6. 横拳收式

二、五行拳动作说明

（一）劈拳

劈拳是以左右劈拳（有些地区用劈掌）和左右步轮流交换进行的一种练习，拳势和顺严谨。古拳谱中称劈拳为"五拳之首，其形似斧，有劈物之意"，它和后面的崩、钻、炮、横拳合称五行拳，既是形意拳的基础拳套，又是形意拳的基本功。

1. 预备式

劈拳预备式就是三体式（图2-5）。做法同前（参阅图2-1、2-2、2-3、2-4）。

图2-5　　　　　　　　　　　　图2-6

2. 劈拳左起式

（1）由三体式开始，左手下落变拳（随落随握拳），右手同时握拳，两拳心翻转向上，靠在肚脐两旁，两前臂紧抱腹部的两侧；眼看前方（图2-6）。

（2）左脚向前垫步（长约一脚左右），脚尖外撇约45°，膝部微屈，重心移于左腿，右脚不动，右腿后蹬，成似直非直状；同时左前臂外旋，左拳经胸前由下颏处向前上方钻出，路线走成弧形，拳心斜向上并微向外倾斜，小指向上翻转，肘尖下垂，整个伸出的左臂要弯曲适度，不能挺直，左拳高与鼻尖平，右拳不动，眼看左拳（图2-7）。

要点：

（1）身体方向不变，握拳时要卷紧，胸腔不可紧张，不能憋气；左手下落时要走圆弧路线，由落而抽，不是直线抽回；两肩仍下垂，两臂紧靠两肋，两手变拳后要同时在腹前翻转，不可有先后。

（2）左拳前伸必须与垫步动作一致；在钻拳和垫步时，身体方向不变，后肩不可前扣使两肩平行；左拳要贴胸上提，到口前再用力向前钻出；同时腰要塌，头要顶。

图 2-7

图 2-8

3. 劈拳右落式

右脚尽力向前迈一步（抬脚不要过高），膝部微屈，左脚随之也向前跟进半步，重心仍坐于左腿；同时右前臂先向外旋，右拳经胸前由口前钻出，随即臂内旋，右拳变掌向前劈打，掌心向前下方，肘部微屈，左拳随之向内翻转变掌下落于腹前，拇指紧靠肚脐部位（与前左式三体式相同，唯步幅较小）；眼看右掌食指（图2-8）。

要点：右掌下劈要与右脚落地协调一致；迈步时身体不可向上窜起，应保持平稳；身体及上下肢动作要点与三体式相同，唯步幅略小。

4. 劈拳右起式

右掌下落变拳（随落随握拳），左手同时握拳，两拳心翻转向上，靠在肚脐两旁，两前臂紧抱腹部两侧；眼看前方（图2-9）。右脚向前垫步，脚尖外撇约45°，膝部微屈，左脚不动，左腿后蹬，似直不直，重心移于右腿；同时右拳经胸前由下颏处向前上方钻出，拳心斜向上方，并略向外翻，小指向上翻转，肘尖下垂，右臂不要伸直，右拳高与鼻平；左拳不动；眼看右拳（图2-10）。

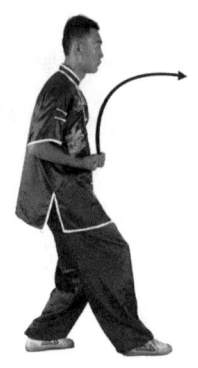

图2-9

图2-10

要点：与前左式垫步完全相同，唯左右相反。

5. 劈拳左落式

动作与要点均与图2-8说明相同，唯左右相反（图2-11）。如继续前进练习，则仍垫左脚，进右步，劈右掌，成劈拳右落式；如此可以左右式反复交替进行练习。

图2-11

图2-12

6. 劈拳回身

转身时需劈出左掌，然后左掌下落变拳，右掌也随之变拳，两拳心翻转向上，靠在腹部两旁，左脚随即以脚跟为轴，脚尖里扣，身体随之向右后转180°，右脚脚尖为轴向后扭直，脚跟略提起成右虚步式；眼看前方（图2-12）。

要点：转身时，身体不可忽高忽低或左右摇摆；扣左脚，落左手与转体要完整一致；眼神随转体平视前方，不可低头弯腰；腰要塌住，头要上顶。

7. 劈拳右起式

右脚向前垫步，脚尖外撇，膝部微屈，左脚不动，左腿向后蹬，似直不直，重心移于右腿，同时右拳经胸前由下颏处向前上方钻出，拳心斜向上方，小指向上翻转，肘尖下垂，右臂不要伸直，右拳高与鼻平，左拳不动；眼看右拳（参阅图2-10，唯方向相反）。此后动作又可左右式交替向起式的位置打回去，待劈出左掌之后再转身，转身动作和要点说明与6完全相同，唯方向相反。

8. 劈拳收式

（1）打至起式位置，转过身来，垫右脚，钻右拳，再进左步，劈出左掌，右脚跟进半步，成劈拳左落式（参阅图2-9、2-10、2-11）。

（2）左脚收回靠拢右脚跟，同时左臂屈回胸前；然后两臂轻缓垂于身体两侧，身体随之轻缓站起，仍斜向前方。注意气向下沉，两肩放松；眼平视前方（参阅图2-2）。

以上介绍的是活步（即跟步）劈拳的练法。初学阶段最好先练定步的打法，其动作及要领与活步相同，唯落步时后脚不向前跟步，定式步幅较大，与"三体式"大致相同。先定步劈拳，再练习跟步劈拳，更有利于初学者打好基础。有些地区流行的劈拳采取两拳立拳轮流下劈练法，要领与劈掌练法一致，唯手型不同，不另介绍。

（二）崩拳

崩拳是左右拳轮换向前直打的练习方法。出拳时，既要求有速度、有力量，又要求保持周身完整，与步法进退起落整齐合拍。步法则完全以左脚直向前进，右脚尽力后蹬，再向前跟步的单一形式，落脚后重心仍在右腿（有些地区采用两脚轮换直进的步法，即前脚垫步，后脚前进，垫步脚再跟进）。身法要求屈膝蹲身，高矮一致。崩拳拳势刚烈，古拳谱形容"崩拳似箭，有射物之意"。

1. 预备式

完全与三体式相同（图2-13）。

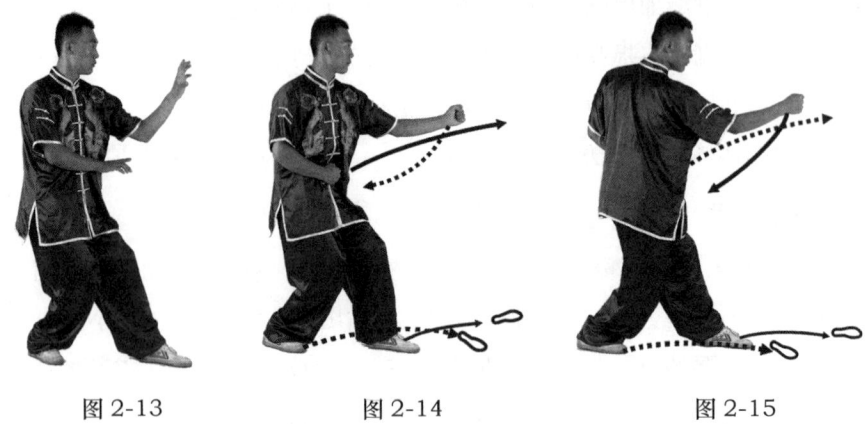

图 2-13　　　　　图 2-14　　　　　图 2-15

2. 右崩拳

（1）由三体式开始，身体方向不变；两手变拳握紧，如螺旋形状，左拳眼向上，肘部微屈；右拳拳心翻转向上，右肘紧靠右腰部，前臂贴于腹部右侧，眼看左拳（图2-14）。

（2）左脚尽力向前迈进一步，右脚随即向前跟步，重心仍坐于右腿，左脚跟与右脚踝骨相对，距离20~30厘米；在进步的同时，右拳顺着左臂方向直向前打出，拳眼向上，拳面微前倾；左拳收回停于腰部左侧（左肋下方），拳心向上，成右拳前伸、左腿在前的拗步姿势，眼看右拳（图2-15）。

要点：

（1）左手握拳后，肘尖仍要下垂，肩要向下松，头颈要竖直，握拳时虽然要求握紧，但心胸不要有丝毫紧张，不要有意憋气，要呼吸自然。

（2）左脚向前迈步时，抬脚不要过高，落脚时，脚跟先着地，但不要故意跺地；右腿尽力蹬劲，身体不要高起，迈步要大要远，打出右拳后，右肩要向前顺，左胯略向后收，上体变为斜向左前方，右臂肘部向下垂；身体要稳定，头要向上顶劲，腰要塌住；左脚前进落地与右拳打出务要协调一致。

3. 左崩拳

左脚再继续尽力向前进步，右脚向前跟步（步法与右崩拳式同），同时左拳顺着右臂方向直向前打出，拳心向右，右拳收回停于腰部右侧，拳心向上，成左拳、左腿在前的顺步姿势，眼看左拳（图2-16）。

要点：左崩拳时，身体要保持向右半斜姿势，左肩不要太向前伸，两胯均略向后缩；其他各部要求均与右崩拳式相同（参阅图 2-15 及说明）。

4. 右崩拳

动作及要点均与 2 相同（参阅图 2-15）。

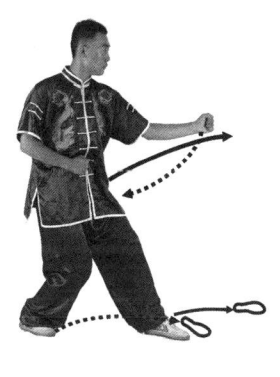 

图 2-16　　　　　　　　图 2-17

5. 左崩拳

动作及要点均与 3 相同（参阅图 2-16）。

根据以上动作和要点，可以左右轮换向前直打，数量多少，要视场地条件而定，回身式要待打出右拳后再转身。

6. 崩拳回身

（1）打出右拳之后（图 2-17），左拳不动，右拳收至腹部右侧（拳心皆向上）；左脚向回扣（约 90°），右脚以脚尖为轴随身体向右后转动扭直，眼看前方（图 2-18）。

（2）右拳经胸前靠近口部向前上方钻出，整个右臂要成一弧形，不能挺直，拳心斜向上，并略外倾，小指向上拧劲；同时右腿屈膝上提，脚尖向右上斜勾；左腿微屈，成左独立姿势；眼看右拳（图 2-19）。

（3）上式不停，右脚用力向前横脚踩落，左脚随之向前跟步，脚跟离地，左膝抵住右膝膝窝，成交叉坐盘歇步；同时左拳在落脚时，经胸前向上顺右臂向前方变掌劈下，掌心向前下方，右拳下落变掌收回腹前，拇指紧靠脐部，掌心向前，眼看左掌食指（图 2-20）。

图 2-18　　　　　图 2-19　　　　　图 2-20

要点：

（1）左脚回扣、右拳收回与向右后转身是一连贯动作，前后衔接的停顿时间不要过长，转身时避免低头弯腰。

（2）右拳向上钻与右膝向上提，要动作一致。

（3）右脚落地时要尽力向前横着踩出，两腿交叉务要靠紧，左掌前劈与右脚落地，须整齐合一。

7. 右崩拳

两掌变拳握紧，右脚向前垫步，左脚再尽力向前上一步，右脚要随之向前跟步，距离左脚 20~30 厘米；同时右拳直向前打出，左拳收回腰部左侧；动作与要点均与前右崩拳打法相同（图 2-21）。如此左右崩拳交替向原来的位置打回，往返趟数不限，要根据个人体力掌握。最后打到起式的位置（崩拳右式），再回身做收式动作。

图 2-21

图 2-22　　　　　图 2-23　　　　　图 2-24

8. 崩拳收式

（1）向右回身，提右腿，劈掌等动作完全与6回身式、7右崩拳式相同（图2-22、2-23、2-24、2-25），打成右崩拳式后，身体不动，右脚向后撤半步，左脚再撤至右脚后方，两腿交叉，左脚顺，右脚横，左脚跟微离地面，仍成交叉半坐盘步；左脚后撤时，左拳也同时向前打出，右拳收回腰部右侧，拳心向上；眼看左拳（图2-26、2-27）。

（2）左臂屈肘经胸前下落，两手垂于身体两侧；同时右脚收回靠拢左脚（此时右脚仍要放成斜45°）；身体轻缓起立，保持向右半斜方向，两肩向下松沉，眼向前平视（参见图2-2）。

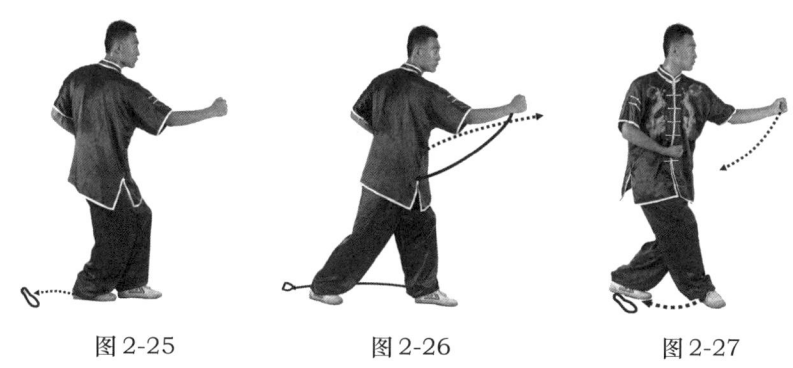

图 2-25　　　　　图 2-26　　　　　图 2-27

要点：退右脚时，两拳不动，注意右肩不可随着向后扭转，左脚向后撤，先用力及脚跟触地，再提起脚跟（微离地面）；两腿膝部要靠紧（左膝抵住右膝窝），左脚后撤与左拳前打务要协调一致。

三、钻拳

钻拳的步法与活步劈拳完全相同；手法则是双手握拳轮换上钻，拳势比劈拳激烈，古拳谱比喻"钻拳似电"。

1. 预备式

同三体式动作（图2-28）。

图2-28

图2-29

2. 右钻拳

（1）由三体式开始，左手握拳下落，经腹前翻转至拳心向上，再经胸前由口前向上钻出，前臂外旋，拳外拧，右手同时变拳，转为拳心向上，紧靠脐部右侧，左脚在左手钻出的同时向前垫步，脚尖外撇，膝部略向前弓；眼看左拳的小指（图2-29）。

（2）右脚向前迈一大步，左脚随之跟进半步，重心坐于左腿，同时右拳经胸部由口前顺左拳向上钻出，高与鼻尖平；左拳向内翻转（腕部向里扣）撤回腹前，拳心向下，拇指紧靠脐部；眼看右拳的小指（图2-30）。

图2-30

要点：垫左脚和钻左拳要动作一致；钻右拳和进右步也要一致，须做到手到脚停，整齐如一；迈步时步子要大，脚跟先触地，避免抬脚过高。钻拳时力量要集中在拳的最前端，前拳要与前脚尖相对，鼻尖又和前拳相对，前拳、前脚尖和鼻尖三点近似构成一直角三角形；上钻的拳向外拧劲，下按的拳向内拧劲；肘要垂，肩要松，步要稳。

3. 左钻拳

右脚向前垫步，脚尖外撇，然后左脚再向前迈一大步，右脚随之再跟进半步，重心坐于右腿；同时左拳翻转经胸部由嘴前顺右拳向上钻出（拳心向上），高与鼻尖平，右拳向内翻转（腕部向里扣），撤回腹前，拳心向下，拇指紧靠脐部，眼看左拳的小指（图2-31、2-32）。

图2-31　　　　　　　　图2-32

要点：完全与右钻拳相同，唯左右相反。如此左右式反复交替练习，次数多少根据场地条件而定。

4. 钻拳回身

（1）钻出左拳之后（左拳左脚在前），以左脚跟为轴，脚尖里扣，身体随之向右后方扭转（同劈拳回身），两臂保持原状随身体右后转180°，右脚在转体过程中，相应以脚尖为轴扭正；然后，右脚垫步，脚尖外撇，右拳经胸部由口前顺左拳向上钻出（拳心向上），左拳向内翻转（腕部向里扣）撤回腹前，拳心向下，拇指紧靠脐部；眼看右拳的小指（图2-33、2-34）。

（2）此式不停，再进左脚钻出左拳。如此再向原来方向打回，往返趟数不限，根据个人体力掌握。

图 2-33

图 2-34

要点：回身时，眼要看着左拳，两臂要随着身体转动，不可松劲，身体约转到90°时再扭右脚；头要顶，腰要塌。

5. 钻拳收式

往返打到起式位置，做钻拳回身式，并打成左钻拳式停住，随后，左臂由上屈回经胸前下落，两手垂于身体两侧；同时左脚收回，靠拢右脚，身体站起，上体仍成向右半斜姿势，两肩向下松沉，呼吸要平稳；眼向前平视（参见图2-2）。

（四）炮拳

炮拳是沿着波浪形曲线，左右斜向前进的。步法除垫步、上步、跟步之外，还包含有提步；手法是两手握拳，一架一冲，左右反复轮换，身法则是采用半斜面的拗步式。拳式比较激烈、活泼。

1. 预备式

与三体式动作相同（图2-35）。

2. 右炮拳

（1）左脚向前直进半步，同时左掌向外扭转，掌心斜向右上方，掌指向前，右掌前伸与左掌心斜相对，随即左脚蹬地，右脚尽力前进一步（身体不可高起），屈膝半蹲，左脚随之跟进，悬空靠在右脚里侧踝关节处，两掌在右脚进步的同时变拳撤回，靠紧腹部两侧，拳心均向上；眼平看前方（图2-36、2-37）。

（2）左脚向左前方斜进一步，右脚随之跟进半步，重心坐于右腿，同时左拳经胸前、面前向上钻翻，由拳心向里转为拳心向外，停于头部左额角旁（拳心朝前），右拳由腰部顺左脚前进方向向前打出，拳眼朝上，肘部微屈，拳高与心口齐，眼看右拳（图2-38）。

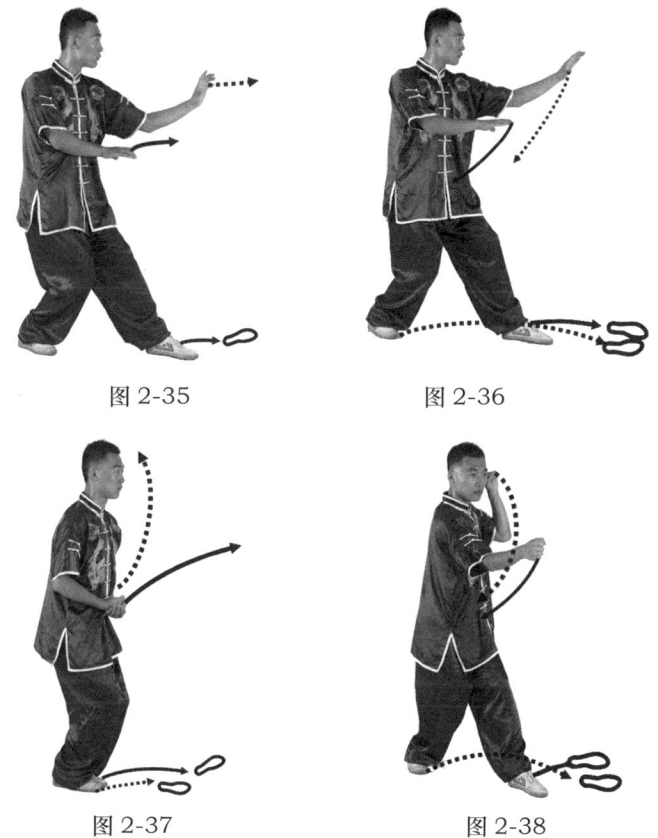

图 2-35　　　　　图 2-36

图 2-37　　　　　图 2-38

要点：

（1）左脚向前直进和右手前伸要同时，右脚落地与两拳回撤也要一致，以上动作必须整齐如一。

（2）右拳前打和左脚前进落地要一致；左拳上起时，要随着身体的转动先顺着胸部钻过鼻尖，然后再向上翻转，切不要横着直接向上架；架拳勿过高，两肩要平并向下松沉。

3. 左炮拳

（1）左脚向前进半步，屈膝半蹲，右脚跟进，悬靠在左脚内侧踝关节处；同时，左拳由前向下落，与右拳相齐后同时撤回，紧靠腹部两旁，拳心均向上；眼平看右前方（图2-39）。

（2）右脚向右前方斜进一步，左脚随之跟进半步，重心坐于左腿；同时右拳经胸前、面前向上钻翻，停于头部右额角旁（拳心向前）；左拳由腰部顺右脚前进方向向前打出，拳眼向上，肘部微屈，拳高与心口齐，眼看左拳（图2-40）。

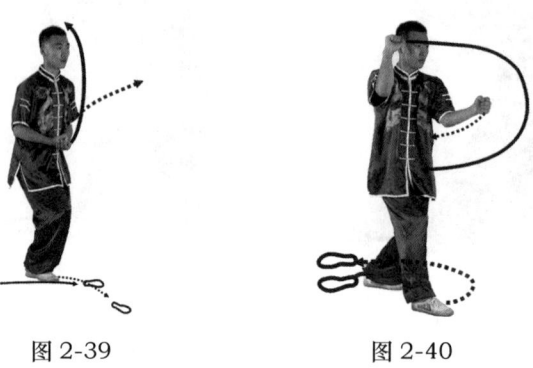

图 2-39　　　　　　　图 2-40

要点：与右炮拳完全相同，唯左右相反。

4. 右炮拳

（1）右脚向前进半步，屈膝半蹲，左脚再跟进提起，悬靠在右腿内侧踝关节处；同时右拳向下落，与左拳相齐后同时撤回，紧靠腹部两旁，拳心均向上；眼平看左前方（参看图2-37）。

（2）再进左脚打右拳（参看图2-38）。这样左右式交替进行练习，次数多少，根据场地条件而定。

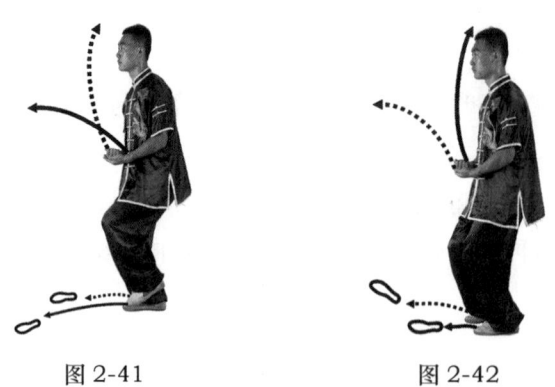

图 2-41　　　　　　　图 2-42

5. 炮拳回身

（1）打出左炮拳之后（如图2-40），稍停，以左脚掌为轴，身体速向左后转；

右脚随着转体方向落在左脚旁边，左脚随即提起紧靠右脚内侧踝关节处；同时右拳由前落下，与左拳一起撤到腹部两旁，拳心均向上，眼平看左前方（图2-41）。

（2）上式略停，再向左前方进左脚打右拳，成右炮拳姿势（图2-42）然后再垫左脚，进右脚打左拳，成左炮拳式（图2-43、2-44）。如此再向原来路线打回，动作完全与前式相同，唯进行方向相反。往返趟数根据个人体力而定。

图2-43

图2-44

6. 炮拳收式

打到原来起式的一端，打出左炮拳之后，做炮拳回身式（参见前回身式说明），再打出右炮拳式，稍停，两拳由胸前下落，垂于身体两侧，同时左脚撤回靠拢右脚，成立正还原姿势，眼平视前方（参阅图2-2）。

（五）横拳

横拳运动路线也是沿波浪形曲线斜向前进的，但它在垫步和转身以后，皆不做提步；拳打出以后，既要有向前冲的力量，又要有向横拨的力量；拳式坚韧含蓄，毫不松劲。

1. 预备式

起式方法完全同三体式（图2-45）。

2. 右横拳

两掌变拳握紧，然后左脚向左前方斜进一步，右脚随之跟进半步，重心仍坐在右腿；同时右拳经胸前拧着劲由左臂肘部下方向前冲出，拳心转向上，高与口齐，肘部微屈，右臂成弧形，左拳随上体左转，撤至右肘下方，拳心向下，眼看右拳（图2-46）。

图 2-45　　　　　图 2-46

要点：右拳向前伸出时，拳心要向上、向外翻转，左臂要向里、向下扣劲，两臂如同拧绳一样，不要有丝毫松懈。右拳既要有冲的力量，又要含着向右横的劲，但不要过分显露于外，两胯要缩，两膝要扣，头要顶，肩要松，右肩要向前顺，身体要稳。

3. 左横拳

左脚向前垫半步，右脚随之经左脚里侧（不停）向右前方迈一大步，左脚再向前跟进半步，重心坐于左腿，同时左拳拧着劲由右臂肘下向前冲出，拳心转向上，高与口齐，肘部微屈，左臂成弧形，右拳随上体右转撤至左肘下方，拳心向下；眼看左拳（图2-47）。

要点：左脚垫步时，脚尖不要外撇，右脚进步要大，但必须经过左脚里侧走一弧形路线；进步时身体不要向上窜起，应保持平稳；其他要点与右横拳相同。

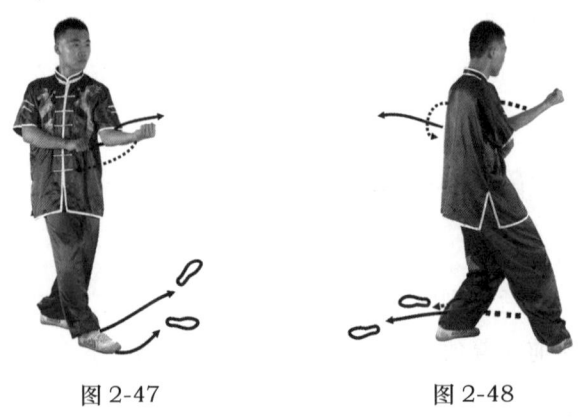

图 2-47　　　　　图 2-48

4. 右横拳

右脚向前垫半步，左脚随之经右脚里侧向左前方迈一大步，右脚再向前跟半步，重心坐于右腿；同时右拳经胸前拧着劲由左肘下方向前冲出，拳心转向上，高与口齐，同时左拳撤至右肘部下方。其他各部要求皆同前之右横拳式（参看图2-46）。这样左右式反复交替练习，次数多少，视场地条件而定。

5. 横拳回身

打出左横拳（右脚左拳在前）之后，稍停，以左脚掌为轴，身体向左后转，右脚随即转向左脚前侧扣步落地（图2-48），左脚随即提起顺着右脚里侧向左前方迈一大步，右脚随之跟进半步，重心坐于右腿，同时右拳在身体转动时，经胸前由左肘下方向前冲出，左拳随上体左转撤至右肘下方，拳心向下；眼看右拳（图2-49）。

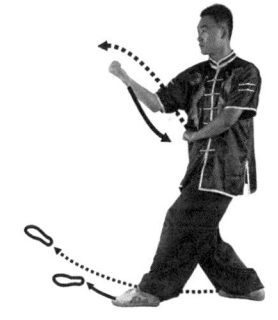

图 2-49

要点：左后转身时，身体不要散乱，两臂要随之扭转（右臂外旋，左臂内旋，互相拧着劲）；右脚扣步不要太大，身体要稳定、灵活，速度要快。这样依原来路线打回去（图2-50），动作与前相同，唯行进方向相反。往返趟数根据个人体力而定。

图 2-50

6. 横拳收式

打到原来起式的一端，待打出左拳（左拳右腿在前）之后，做横拳回身式（图2-51），再打出右横拳（参见图2-46），稍停，两拳由胸前下落，垂于身体两侧；同时左脚撤回靠拢右脚，成立正姿势；眼平看前方（参看图2-2）。

图 2-51

第三节 十二形拳

十二形拳是在吸取各种动物的动作特长的基础上组成的一系列基本拳法，套路短小活泼，锻炼全面，是掌握形意拳要领、提高身体素质的有效手段。形意拳象形取意，重点在取意。形象服务于拳法，拳法结合形象，形是体，拳是用。不可片面地追求形象逼真，使得本末倒置。

一、十二形拳动作名称

（一）龙形

1. 预备式　　　　2. 龙形右落式
3. 龙形左起落式　4. 龙形右起落式
5. 起身跳步双劈掌　6. 进步右崩拳
7. 回身式　　　　8. 龙形左落式
9. 龙形右起落式　10. 起身跳步双劈掌
11. 进步右崩拳　　12. 回身式
13. 龙形左落式　　14. 龙形右起落式
15. 收式

（二）虎形

1. 预备式　　2. 虎形左式　　3. 虎形右式

4. 虎形左式　　　5. 虎形右式　　　6. 回身式

7. 虎形左式　　　8. 虎形右式　　　9. 收式

（三）猴形

第一段

1. 预备式　　　　2. 左转身猿猴挂印式

3. 猿猴叼绳式　　4. 猿猴爬竿式

第二段

5. 右转身猿猴挂印式　　6. 猿猴叼绳式

7. 猿猴爬竿式

第三段

8. 左转身猿猴挂印式　　9. 猿猴叼绳式

10. 猿猴爬竿式　　　　11. 收式

（第四、五、六段从略）

（四）马形

1. 预备式　　2. 马形右式　　3. 马形左式

4. 回身式　　5. 马形左式　　6. 马形右式

7. 收式

（五）鼍形

1. 预备式　　　2. 鼍形左式　　　3. 鼍形右式

4. 鼍形左式　　5. 鼍形右式　　　6. 回身式

7. 鼍形左式　　8. 鼍形右式　　　9. 收式

（六）鸡形

1. 预备式　　　　　　　　2. 纵步前穿掌（金鸡独立）

3. 纵步前穿掌（金鸡独立）　4. 纵步金鸡独立

5. 进步右崩拳（金鸡食米）　6. 转身左撑掌（金鸡抖翎）

7. 独立下插掌（金鸡上架）　8. 进步右挑掌（金鸡报晓）

9. 进步左劈掌　　　　　　10. 进步右劈掌

11. 独立左劈掌（金鸡独立）　12. 进步右崩拳（金鸡食米）

13. 转身左撑掌（金鸡抖翎）　14. 独立下插掌（金鸡上架）

15. 进步右挑掌（金鸡报晓）　16. 进步左劈掌

17. 收式

（七）鹞形

1. 预备式　　　　2. 鹞子束身式

3. 鹞子入林式　　4. 鹞子钻天式

5. 鹞子翻身式　　6. 鹞子束身式

7. 鹞子入林式　　8. 鹞子钻天式

9. 鹞子翻身式　　10. 收式

（八）燕形

1. 预备式　　　　2. 燕子抄水式

3. 进步右崩拳　　4. 左劈掌

5. 回身式　　　　6. 进步左劈掌

7. 燕子抄水式　　8. 进步右崩拳

9. 左劈拳　　　　10. 回身式

11. 进步左劈掌　　12. 收式

（九）蛇形

1. 预备式　　　　2. 蛇形右式

3. 蛇形左式　　　4. 蛇形右式

5. 回身式　　　　6. 蛇形左式

7. 蛇形右式　　　8. 收式

（一〇）骀形

1. 预备式　　　　2. 骀形左式

3. 骀形右式　　　4. 回身式

5. 收式

（一一）、（一二）鹰形熊形合演

1. 预备式　　　　2. 右鹰形落式
3. 右熊形起式　　4. 左鹰形落式
5. 左熊形起式　　6. 右鹰形落式
7. 回身式　　　　8. 右鹰形落式
9. 收式

二、十二形拳动作说明

（一）龙形

龙是传说中的神物，升天入海，变化莫测。十二形以龙形为首，主要锻炼身法的起落，手法的屈伸，步法的跳跃转换。运动量较大。要求起如"伏龙升天"，落如"蛰龙翻浪"。有人曾赞美龙形的起落、伸缩特点："一波未平一波生，好似神龙水上行，忽而升空高处跃，声光雄勇令人惊。"

龙形练习时一起一落，沿直线伸缩往来，跳起时要求两脚高腾，落地后要求下肢盘坐收缩，身体贴近地面。身法要灵活矫捷，凡拧腰、折身、纵落起伏皆要轻灵不滞。手法起钻落翻，拧裹不懈。

1. 预备式

同三体式（图 2-52）。

图 2-52

2. 龙形右落式

两掌变拳（左掌随落随握拳）；左拳由体前向下落，经腹部、胸部贴近下颏处向上、向前伸钻，拳心向内，高与鼻尖齐平；右拳随即顺着左臂内侧向上伸出，伸到两拳接近时，迅速向内翻转变掌向体前下按（距地面20~30厘米）；左掌撤至左胯旁，臂成弧形；两掌下按的同时，身体向左转，左脚随之向外撇（左脚尖为轴），右脚（后脚）扭直，脚跟离地，身体略向前俯，成全蹲坐盘姿势；两掌掌心均向下；眼看右掌（图2-53）。

要点：身体下蹲和两掌向下按的动作，速度要快，要整齐一致；臀部要接近后脚跟，腰要塌，头要顶。

图2-53

3. 龙形左起落式

两掌变拳（右掌随收随握拳），右拳由体前收回，经腹部、胸部贴近下颏处向上、向前伸钻，拳心向内，高与鼻尖齐平；同时身体向上跃起，两脚用力蹬地，两脚在空中换成右前左后的交叉步，左拳随即顺着右臂内侧向上伸出，至两拳接近时，迅速向内翻转变掌向体前下按（距地面20~30厘米），右掌撤至右胯旁；臂成弧形；两掌向下按的同时，身体右转猛向下蹲，成全蹲坐盘姿势，右脚尖外撇，左脚脚跟离地，两掌掌心均向下，身体略向前俯；眼看左掌（图2-54、55）。

要点：身体上纵时，要与两臂上伸动作一致，下落时要和两掌下按动作整齐一致；两脚须在空中交换，速度要快。

图 2-54　　　　　　　图 2-55

4. 龙形右起落式

动作与3相同，唯左右相反（图2-53）。

要点：与左起落式相同。

5. 起身跳步双劈掌

两掌变拳（右掌随起随握拳），右拳由体前收回，经腹部、胸部贴近下颏处向上、向前伸钻，拳心向内，高与鼻尖齐平；左拳置于左腰侧；同时左脚向前垫步，身体直起，右腿随即屈膝高提，脚尖上翘，然后左脚向前纵跳一步（单腿跳），随之右脚前踩（横着脚）落地，成右前左后的交叉半蹲歇步，同时左拳顺着右臂内侧向上伸出，到两拳接近时，迅速内翻变掌前按，高与肩齐，右掌撤至腹前；眼看左手食指（图2-56、2-57）。

图 2-56　　　　　　　图 2-57

要点：右拳向上伸钻要与左脚纵跳动作一致；右脚向前踩时脚跟用力，要和左掌前按下落一致，须完整协调。

6. 进步右崩拳

两掌握拳，右脚向前垫步，然后左脚迈进一步，右脚随之跟进半步，同时右拳直向前打出（崩拳），眼看右拳（图2-58）。

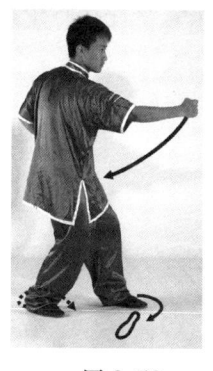
图 2-58

图 2-59

图 2-60

7. 回身式

接上式，右拳撤回右腰侧（拳心向上），左脚向回扣，用右脚掌作轴，身体向右后转180°，然后右拳经胸前由下颏处向前上方伸出；同时右腿屈膝上提，脚尖上翘，左腿微屈；眼看右拳（图2-59、2-60）。

8. 龙形左落式

右脚横着向下落，身体速向下蹲，左脚扭直，脚跟离地；同时左拳经右臂内侧上伸，伸到两拳靠近时迅速变掌翻转直向体前下按（距地面20~40厘米），右掌撤到右胯旁，臂成弧形，两掌心均向下，两掌下按和下蹲的同时，身体向右转，成全蹲坐盘姿势；眼看左掌（图2-61）。

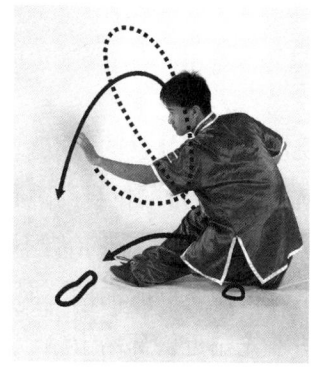
图 2-61

图 2-62

龙形右起落式：两掌变拳，左拳由体前收经胸前贴近下颌处向上伸钻，高与鼻尖齐平；同时身体向上跃起，两脚用力蹬地，两脚在空中换成交叉步（左脚在前，右脚在后），同时右拳顺着左臂内侧向上伸，伸到两拳靠近时，迅速变掌翻转下按，左掌撤到左胯旁，右掌直向体前下按（距地面20~40厘米），身体左转下落成全蹲坐盘姿势，两掌心均向下；眼看右掌（图2-62）。

9. 起身跳步双劈掌

动作和要点与5完全相同，唯进行方向相反。

10. 进步右崩拳

与6完全相同，唯进行方向相反。

11. 回身式

与7完全相同，唯进行方向相反。

12. 龙形左落式

与8完全相同，唯进行方向相反。

13. 龙形右起落式

与9完全相同，唯进行方向相反。如此衔接，反复操练，数量多少，依身体情况增减。

14. 收式

打到原起式位置，打出左式之后，身体上起，左脚扭直，右脚外撇，同时左掌由右掌下面向前穿出，右掌撤到腹前；眼看左手，成三体式姿势（如预备式），然后再收左脚、左掌，成立正姿势。

（二）虎形

虎形动作主要是模仿虎的威严姿态和它纵山跳涧、勇猛扑食的特点。在动作中两腿左右轮换向后蹬劲，身体要始终保持平稳，这与龙形和猴形的挺身高跳有所不同。虎形步法和五行拳的炮拳相类似，蹬得要快要远，落步要稳定不摇，抬脚不要过高，行进路线是沿波浪形斜向前进。虎形对上肢的要求是：两掌同时向前、向下，与身体的发劲结合一致；肘部和肋部相互摩擦靠紧；两拳先贴近胸部向上钻，再猛烈向外翻转劈按,动作近似劈拳,但不尽一致,以翻掌向下扑按为主,拳术中专门称为"虎扑"。以体现出虎有扑食之勇的特长,加强对臂、胸、背各部肌肉的锻炼。

1. 预备式

同三体式（图2-63）。

图 2-63

2. 虎形左式

（1）左脚向前垫半步,左掌随之略向前引伸,掌心翻转向右,指尖向前;同时右掌由体前直向前伸,掌心向左,指尖向前,两掌掌心斜相对;眼看前掌（图2-64）。

 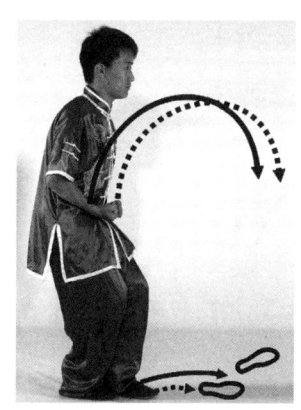 

图 2-64　　　　　　图 2-65　　　　　　图 2-66

（2）右脚继续向前进一大步,左腿随之跟在右腿内侧,左脚离地靠在右踝关节处,脚尖翘起,两腿屈膝半蹲成右独立步;同时两掌变拳由体前撤至腰部两侧,两拳拳心均向上;眼看左前方（图2-65）。

（3）左脚向左前方斜进一步，右脚也随之跟进半步，两脚跟前后相对，距离20~40厘米，体重偏于右腿，成左虚步，同时两拳顺着胸部向上伸，拳心向里，伸到口前猛然向里翻转变掌，向前按出，高与胸齐，掌心向前，两掌虎口相对；眼看左掌食指尖（图2-66）。

要点：

（1）左脚向前垫步，要与右掌前伸一致；左脚落地不停，即刻用力蹬地进右步，速度要快，中间不停，身体保持平稳。

（2）右脚向前进步要与两掌撤回的动作同时，不可有先后，撤回后两前臂要靠紧两肋，不可向外张，左脚要贴住右踝关节，脚掌不可触及地面，身体要稳定，腰要塌，头要顶。

（3）左脚前进要和两掌翻转前按动作整齐一致；两掌在前按之前，要向上钻、贴近胸部到口前，两掌再速向前按出，要走一弧线，不可直向外推；按出后要沉肩、坠肘，塌腰，竖颈，两膝微向里扣。

3. 虎形右式

（1）左脚向前垫步，右脚随之跟到左踝关节处，两腿靠紧，右脚离地，脚尖上翘，两腿屈膝半蹲，成左独立步；同时两掌变拳撤至腰部两侧，拳心向上，两前臂与腰部靠紧；眼看右前方（图2-67）。

图2-67　　　　　　图2-68

（2）右脚向右前方斜进一步，左脚随之跟进半步，两脚跟前后相对，距离20~40厘米；体重偏于左腿，成右虚步；同时两拳顺着胸部向上伸，拳心向里，伸到口前猛然向里翻转变掌向前按出，高与胸齐，掌心向前，两掌虎口相对，眼看左手食指尖（图 2-68）。

要点：

（1）左脚向前垫步时，要与两掌撤回动作同时，不可有先后，撤回后两前臂靠紧两肋，不可向外张；右脚要贴紧左踝关节，脚掌不可触及地面，身体要稳定，腰要塌，头要顶。

（2）右脚前进和两掌翻转前按要整齐一致，两掌在前按之前，要贴近胸部向上钻，到口前再速向前按出；要走弧线，不可直向外推，两掌按出之后，要沉肩、坠肘、塌腰、竖颈，两膝要略向里扣。

4. 虎形左式

（1）右脚向前垫半步，左脚随之跟到右踝关节处，两腿靠紧，左脚离地，脚尖上翘，两腿屈膝半蹲，成右独立步；同时两掌变拳撤至腰部两侧，拳心向上，两前臂与腰部靠紧；眼看左前方（参阅图 2-65）。

（2）完全与前左式 3 的动作及要点相同（参阅图 2-66）。

5. 虎形右式

动作及要点完全与前右式相同（参阅图 2-67、2-68）。

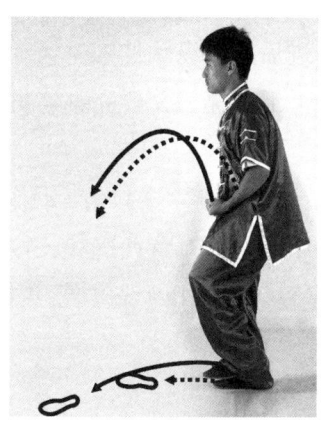
图 2-69

图 2-70

6. 回身式

打出右式之后，以左脚脚掌为轴，身体向左后转约 180°，两掌随转身变拳收

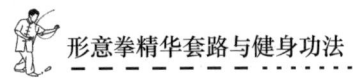

回腰部两侧，拳心向上，同时右脚提起在左脚旁（20~30厘米）扣步落地，随之左脚提起停在右踝关节处，两腿紧靠，脚尖上翘；眼看左前方（图2-69）。

要点：转身时速度要快，右脚落地位置不要离左脚太远，在右脚将要落地时，左脚即行提起，身体保持平衡稳定，不可忽起忽落，腰要塌，头要顶，两前臂要靠紧两腰侧。

7. 虎形左式

动作及要点与前左式3相同，唯方向相反（2-70）。

8. 虎形右式

动作和要点与前右式完全相同，唯方向相反（参阅图2-67、2-68）。上述动作往返次数多少，根据个人体质和场地等条件自行掌握，必须打出右式（右脚在前）后再回身。

9. 收式

打到原来起式位置，转身打出左式之后，图2-70将左脚收回靠拢右脚，两掌由胸前下垂于身体两侧，成立正姿势。

（三）猴形

猴形是十二形拳中比较灵活的一形，内容结构中穿插了很多体现猴子轻巧灵活、闪展腾挪等特点的动作。包括有左右旋转，前进后退，纵跳伸缩，运动量较大。练习时既要求快速有力，又要求稳定沉着，既要灵活敏捷，又要完整连贯，切忌轻浮无力和左右偏倚的现象。

这趟拳的练法纵横交错，有的走四个斜角，也有的走六个斜角。动作左右反复，但行进方向、角度不同。为学习方便，在说明中假定面东背西起式，按固定方向分成六段叙述（见路线示意图），以便于初学者模仿练习，动作熟练以后，可以灵活运用，不必受此局限。动作说明如下：

第一段

1. 预备式

同三体式（图2-71）。

图 2-71　　　　　图 2-72

2. 左转身猿猴挂印式

（1）身体速向右转，左掌向下向里收到胸前，掌心转向上，同时左脚也随之撤至右脚内侧，微停，身体又速向左转，左脚速向前迈一步，脚尖外撇（摆步），左掌同时内旋向外翻转，横向外推，高与肩平，小指侧向上，掌心向外；眼看左掌（图2-72）。

（2）体重移于左腿，身体继续向左转动，右脚向左脚内侧扣步，成八字形；然后左脚再顺右脚脚跟方向（东南）后撤一大步；同时右掌由左掌背面前伸，高与眼平；左掌撤至腹前，两掌掌心均向下，重心偏重于右腿；眼看右掌（图2-73、2-74）。

要点：左掌收回和翻转外推时，要和左脚的收回外摆的动作整齐一致，眼神要随着身体转动。扣右脚时，要尽力向左转腰，左脚后撤和右掌前伸要一致。

图 2-73　　　　　图 2-74

3. 猿猴叼绳式

右脚速向后撤半步，脚掌着地，膝部微屈，重心在左腿，成右虚步；同时右掌屈肘收回裆前，左掌顺右肩方向前探，高与肩平，掌心向下；眼看前方（图2-75）。

要点：右脚向后撤时，身体尽力向后缩，腰要塌，颈要挺。

4. 猿猴爬竿式

（1）右脚向前垫步，同时右掌由左掌下面向前伸出，高与眼平；左掌撤至腹前，两掌掌心均向下；眼看右掌（图2-76）。

（2）左脚再前进一步，落脚后不停，继续用左脚蹬地尽力向前跳一步，同时右腿提起；在跳步同时，左掌顺着右掌上面速向前、向上伸出，高与眼平；右掌撤至腹前，两掌掌心均向下；眼看左掌（图2-77）。

（3）右脚尽力向前迈一步，左脚也随之向前跟进半步；同时右掌由左掌上面向前伸出，高与眼平，左掌撤至腹前，两掌掌心均向下；眼看右掌（图2-78）。

要点：1、2、3动作要连贯，中间不停，进步、出掌速度都要快，跳步要远，要稳；左脚跳步时，要和左掌向前伸出的动作整齐一致；落步要稳健，眼神要随着两掌的伸缩交替看左右手（假设面向东起势，本段爬竿跳步方向为西北角）。

图 2-75

图 2-76

图 2-77

图 2-78

第二段

5. 右转身猿猴挂印式

（1）身体速向左转，右掌由上向下、向里收到胸前，掌心转向上；同时右脚随之撤至左脚内侧，微停，身体又速向右转，右脚速向右前方迈一步，脚尖外撇（摆步），右掌也同时内旋，向外翻转，横向外推，高与肩平，小指侧向上，掌心向外；眼看右掌（图2-79）。

图2-79

图2-80

图2-81

（2）体重移于右腿，身体继续向右转动，左脚向右脚内侧扣步，成八字形；然后右脚再顺左脚脚跟方向（西北）撤一大步，同时左掌由右掌背上面伸出，高与眼平，右掌撤至腹前，两掌掌心均向下，重心偏重于左腿；眼看左掌（图2-80、2-81）。

要点：右掌收回和翻转外推，要和右脚的收回向外摆动整齐一致，身体和眼神在转动过程中要协调一致。扣步时要尽力向右转腰。

6. 猿猴叼绳式

左脚速向后撤半步，脚掌着地，膝部弯曲，重心在右腿，成左虚步；同时左掌屈肘收至裆前，右掌顺左肩方向前探，高与肩平，掌心向下，眼看前方（图2-82）。

要点：撤左步时，要尽力向后缩身，腰要塌，颈要挺。

7. 猿猴爬竿式

（1）左脚向前进半步，同时左掌由右掌下面向前伸出，高与眼平，右掌撤至腹前，两掌掌心均向下；眼看左掌（图2-83）。

（2）右脚再前进一步，落地后不停，继续用右脚蹬地尽力向前跳一步，同时左腿悬空提起；在跳步的同时，右掌顺左掌上面速向前、向上伸出，高与眼平，左掌撤至腹前。两掌掌心均向下；眼看右掌（图2-84）。

（3）左脚尽力向前进一步，右脚随之跟进半步；同时左掌由右掌上面向前伸出，高与眼平，右掌撤至腹前，两掌掌心均向下；眼看左掌（图2-85）。

图2-82

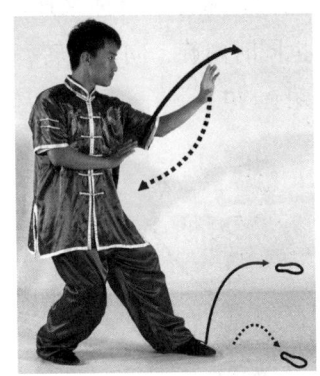
图2-83

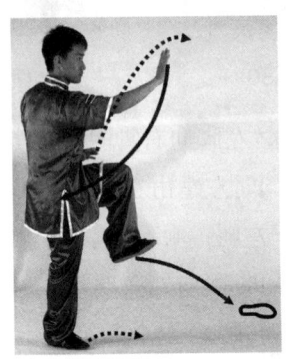
图2-84

图2-85

要点：1、2、3动作要连贯，中间不停，进步、出掌动作都要快；跳步要远，要稳；右脚跳步时，要和右掌向前伸出的动作整齐一致；落步后要稳健，眼神要随着两掌伸缩交替看左右手（本段爬竿跳步方向为东南角）。

第三段

8. 左转身猿猴挂印式

（1）身体速向右转，左掌向下、向里收到胸前，掌心转向上；同时左脚随之撤至右脚内侧，微停，身体又向左转，左脚速向前迈一步，脚尖外撇（摆步），左掌同时向外翻转，横向外推，高与肩平，小指侧向上，掌心向外；眼看左掌。此式与第一段左转身猿猴挂印式相同（图2-86），唯方向不同。

（2）与第一段猿猴挂印动作相同（图2-87、2-88），但撤步转身角度略大，面向西南。

图2-86

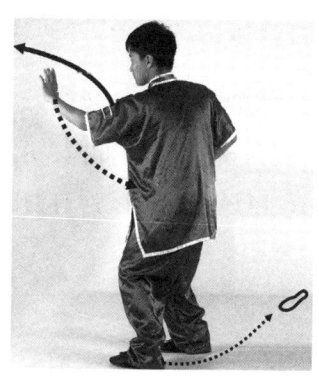
图2-87

图2-88

9. 猿猴叼绳式、猿猴爬竿式

动作和要点完全与第一段4相同，唯方向不同。本段叼绳和爬竿跳步的方向是西南角（图2-89）。以下尚有第四、五、六段，与前面动作相同，唯第四段的跳步方向是东北角，第五段的跳步方向是原来起势的位置，动作过程请参阅前左右式动作说明，这里不逐一介绍。切记右手在前则向右转身；左手在前则向左转身。

图2-89

10. 收式

打到第五段右手在前时（接近原来位置），再向右转身接第六段，做到叼绳姿势（右手在上，左脚在前，如图2-82），然后将左掌经胸前伸出，右掌落到腹前，同时左脚前移，成"三体式"姿势（参见图2-71）。上式略停，再收回左脚，两手垂于身体两侧，成立正姿势。

（四）马形

在形意拳理论中，称马有"疾蹄之功"，故此形的内容，突出表现马在奔腾中前冲之特点。马形左右式都是两臂拧转着向前冲撞，在步法中，要求后腿用力远蹬，两腿站立牢固，上下整齐如一，以显示此形坚强有力的特征。马形沿直线行进，中等运动量。

1. 预备式

同三体式（图2-90）。

图2-90　　　　　　图2-91　　　　　　图2-92

2. 马形右式

左脚向前垫步，同时两掌变拳，左拳翻转，拳心向上，重心偏重于左腿（图2-91）；略停，右脚向前尽力迈一步，左脚随之跟进半步，重心偏于左腿；同时，右拳翻转，拳心向上，顺左臂下面向前伸出，高与肩平；两拳在接近时，同时向内翻转，拳心向下，左拳撤至右肘内侧，两臂均成弧形；眼看右拳（图2-92）。

要点：右拳向前伸出时，要尽力向前推（冲劲），左拳尽力向后拉，以增加前拳的力量；左脚跟步时，不要离前脚太近，两膝要略向里扣劲，腰要塌，头要顶，肩要沉。

3. 马形左式

右脚向前垫步，体重向前移；同时右拳翻转，拳心向上，左拳撤至腹前，继之左脚尽力前进一步，右脚随之跟进半步，重心偏于右腿；同时左拳翻转，拳心向上，顺着右拳下面向前伸出，高与肩平；两拳在接近时，同时向内翻转，拳心向下，右拳撤至左肘内侧，两臂均成弧形；眼看左拳（图2-93、2-94）。

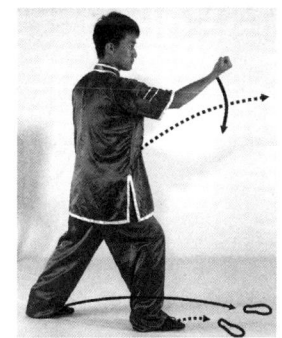 

图 2-93　　　　　　　　图 2-94

4. 回身式

身体向右后转约180°，左脚跟为轴，脚尖里扣；右脚随之以脚掌为轴扭直，再向前垫步，脚尖外撇；同时右拳下落，由腹前经胸前、下颏处向前上方钻出，高与眼齐，拳心斜向内；左拳收回腹前，拳心向下；眼看右拳（图2-95）。

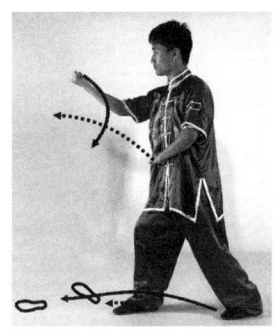 

图 2-95　　　　　　　　图 2-96

5. 马形左式

与前马形左式完全相同，惟行进方向相反（图2-96）。

6. 马形右式

与前马形右式完全相同，惟行进方向相反（图2-97、2-98）。

图2-97

图2-98

7. 收式

打到原来起式位置后，打出左式再回身（回身式参阅前回身动作说明）；回身之后，再打出左式，停住（参见图2-93、2-94）；将双手及左脚收回，成立正姿势。

（五）鼍形

鼍为水中动物，形状如同鳄鱼、蜥蜴，长丈余，其甲如铠，古时的"鼋、鼍、蛟龙"列为同类。它浮游水面既灵活又稳定。此形练习时特别要求身法、步法、手法、眼神上下协调一致，手、足、肩、胯各部都没有僵直或死板的现象，周身要活泼而富有弹性，尤其强调腰部的旋转动作，构成全身运动中枢。初学时，可以先慢而后快，由慢中打基础，再逐渐达到左右旋转连贯不停，处处以躯干带动四肢向左右反复拨动外撑，既有翻江拨水之力，又有轻浮水面之灵。鼍形动作沿"之"字形曲线前进。

1. 预备式

同三体式（图2-99）。

2. 鼍形左式

身体向右转，不停，再向左转身；左掌同时由前向下、向里、向上翻转（裹劲），至口前再变成俯掌,横着向左前方撑出去,高与口平,臂成弧形,掌心向下;左脚随着左臂收回,即向左前方迈出一步,右脚也随着向前跟进,停在左脚内侧,脚尖着地;右掌心翻转向上,停在腹前,眼看左掌(图2-100)。

要点:左脚与左掌动作要整齐一致;左掌向左前撑出时,掌外缘用力,腰要塌,头要顶。

图 2-99

图 2-100

3. 鼍形右式

上式不停,右脚向右前方进一步,左脚随之跟进,停在右脚内侧,脚尖着地;同时右掌经胸前向上、向右翻转(裹劲),至口前变俯掌,横着撑出去,高与口平,臂成弧形,掌心向下;左掌随着翻转下落停在腹前,掌心向上;眼看右掌(图2-101)。

要点:右脚前进落地,要和右掌撑出动作协调一致,不可分先后;右掌撑出时,掌外缘用力,腰要塌,头要顶;左右式转换要衔接不断;两臂摆动要连贯。

4. 鼍形左式

动作与要点同前左式(参阅图2-100)。

5. 鼍形右式

动作与要点同前右式(参阅图2-101)。

6. 回身式

打出右式之后,不停,左脚似落不落,身体速向左后转,左掌由腹前随转身向上、向左撑出,掌心向下,左脚向左后方落地;右掌也随之向下、向里经胸前继续向右前方翻转,变俯掌撑出,高与口平,掌心向下;左掌在右掌翻转撑出时,下落停在腹前,掌心向上;右脚随身体左后转向右前迈一步,左脚随之跟至右脚内侧,脚尖着地;眼看右掌(图2-102)。

要点:向左后转身时,速度要快,左脚向后落地后立即进右脚,中间不停;两臂左右摆动要连贯,转身时用腰部带动,旋转要灵活不滞。

图 2-101　　　　　　图 2-102

7. 鼍形左式

动作和要点同前左式,唯方向相反(图2-103)。

图 2-103　　　　　　图 2-104

8. 鼍形右式

动作和要点同前右式,唯方向相反(图2-104)。

9. 收式

打到原来位置时,仍向左转身(参阅前回身式图及说明),再打出左式;然后将右脚撤回一步，左掌经体前落下，两手垂于身体两侧，左脚撤回靠拢右脚，成立正姿势。

（六）鸡形

鸡形是一个组合套路，动作模仿鸡的特长，内容丰富，结构严密，过去形容该形有"独立之能""食米之巧""抖翎之威""争斗之勇"。它通过多种进退转换的身法、步法、手法，锻炼全身的灵活性和完整性。如"金鸡独立"动作，既要求快速，又要求稳定，表现出扎实的下肢力量，"金鸡抖翎"一式，要求周身力量集中，发出弹力和抖擞力量。其他如"金鸡上架""报晓""食米"等动作，都是借着伸缩、旋转、平衡、纵跳，使身体的各个部位，各项素质得到锻炼。鸡形的运动量较大，锻炼也比较全面，仅就掌法来说就有撑掌、挑掌、压掌、劈掌、穿掌、插掌等等。动作路线为直前行进。

1. 预备式

同三体式姿势，唯身体略向前俯一些（图2-105）。

图2-105
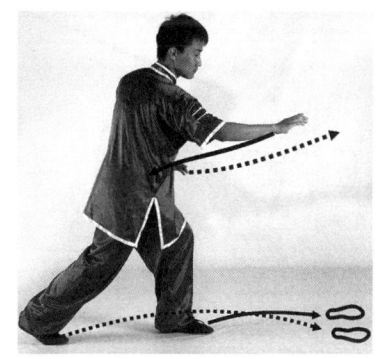
图2-106

2. 纵步前穿掌（金鸡独立）

（1）右掌由左掌下面向前穿出，高与胸齐，左掌撤至腰部左侧（掌心向下）；同时身体向下略蹲，左脚向前垫步，左腿屈膝前弓，右腿膝部弯曲，右脚跟离地，上体略向前俯；眼看右手（图2-106）。

（2）右脚尽力向前进一步，屈膝半蹲；左腿随之跟到右腿内侧，左脚提起，脚尖上翘，紧靠在右踝关节处，成独立步；同时左掌由右掌下面向前穿出，高与胸齐，右掌撤到腰部右侧（掌心向下），眼看左手（图2-107）。

要点：两腿前进时，身体不要过于前俯；纵步要远，要稳；独立时，腰要塌，头要顶，要全神贯注。

3. 纵步前穿掌（金鸡独立）

动作与2不同之处是2动作是由三体式进左脚，此式是由提步进左脚；其他动作完全相同（参阅图2-106、2-107）。

4. 纵步金鸡独立

两手不动，左脚先尽力进一步，然后右脚再前进一步，屈膝半蹲，左脚仍跟到右腿内侧，紧靠在右踝关节处，脚尖上翘，成独立步；眼仍看左手（参阅图2-107）。

要点：第三个独立式中左右脚进步时，身体高矮不变，两腿要靠紧，要平衡稳定，进步时速度要快，两步要连贯紧密，腰要塌，肩要松。

图2-107

图2-108

5. 进步右崩拳（金鸡食米）

左脚前进一步，右脚随之靠近左脚跟，身体再略向下蹲，同时右掌变拳，拳眼向上，向左掌下方打出，左掌扣住右手腕部；眼看右拳（图2-108）。

要点：前脚落地与右拳打出要整齐一致，速度要快，腰要塌，头要顶，右臂肘部要微屈，不要伸直。

6. 转身左撑掌（金鸡抖翎）

（1）身体右转约90°，右腿向后退一步，左腿随之稍向后撤，两脚均横，成右重左轻的半马步；同时左掌尽力向左下方撑开，停于左膝旁（掌心向下），左臂成弧形；右掌屈肘撑到头部右额角前（掌心向外）；眼看左掌图（2-109）。

（2）上式略停，身体急向右转约90°，左腿向后蹬劲，左掌继续向后撑劲，停在左胯旁，右拳位置不动；眼看前下方（图2-110）。

图2-109

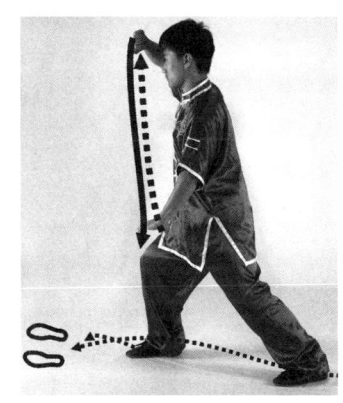
图2-110

要点：左掌右拳分撑时，要与右腿后撤用劲整齐一致；转身时，腰部要用劲扭转，以保持身体的完整性，腰要塌，颈要挺，胯要缩，动作速度要快。向右转身和左腿后蹬用劲要一致，左脚跟不可离地。

7. 独立下插掌（金鸡上架）

左脚向前进一步，屈膝半蹲，右腿随之跟在左腿内侧，右脚靠紧左踝关节处，脚尖上翘，成左独立步；同时右拳变掌经胸前（贴近身体）向左下方插下（掌心向外），左掌由左下方经胸部向右上方上穿，停在右肩侧（掌心向内），指尖向上；眼平看右前方（图2-111）。

要点：左掌向上穿，右掌向下插时，两臂要贴近身体，动作要一致；两手的小指要向里裹劲，手腕手背要平直，手指挺直，身体要稳定，不偏不倚；头要顶，腰要塌，两腿要靠紧，右脚不可着地。

8. 进步右挑掌（金鸡报晓）

右脚向前进一步，膝部微屈，左脚随之跟进半步，体重偏于左腿，同时两臂右上左下分开，右掌挑起，高与眼平，指尖向上，臂微弯曲，左掌下落停于左胯旁，掌心向下，臂部不要伸直；眼看右手食指梢（图2-112）。

要点: 右手前挑和左手下落要与右脚落地协调一致；上挑的手要用力，两肩要松，头要顶，腰要塌。

图 2-111　　　　　　图 2-112

9. 进步左劈掌

（1）左脚左掌不动，右掌向外翻转下压，掌心向上；同时右脚略向前移，脚尖外撇约 45°；眼看右掌（图 2-113）。

（2）左脚向前进一步，右脚随着跟进半步，重心偏于右腿；同时左手顺着右臂内侧向前劈下，高与肩齐，右掌撤到腹前，掌心向前下方；眼看左掌指（图 2-114）。

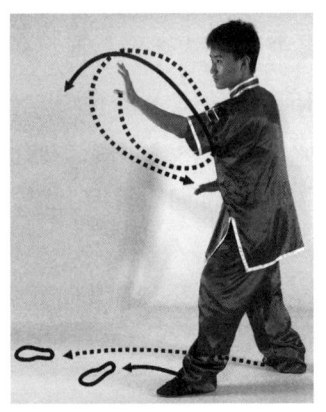

图 2-113　　　　　　图 2-114

要点： 垫步要和右掌翻压动作一致；左脚前进要与右掌前劈动作一致，左腿膝部微屈，腰要塌，肩要松。

10. 进步右劈掌

两掌变拳，左拳下落，经胸前由下颏处向前、向上伸出（拳心向上）；同时左脚向前垫步，脚尖外撇，上式不停，右拳顺左臂内侧前伸，待两拳接近时，速向里翻转变掌前劈，高与肩齐，左掌撤至腹前，两掌心斜向前下方；同时右脚前进一步，左脚随之跟进半步，重心偏于左腿，成右劈拳式；眼看右掌（图2-115）。

要点：与左式完全相同，唯方向相反。

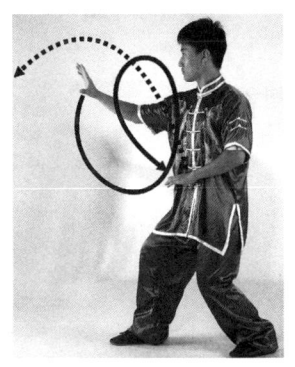  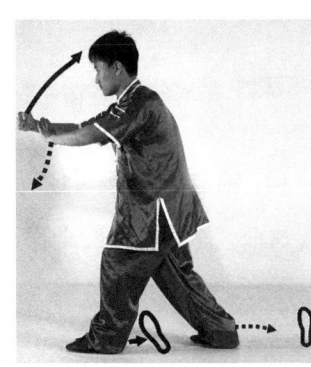

图2-115　　　　　　图2-116　　　　　　图2-117

11. 独立左劈掌（金鸡独立）

两掌变拳，右拳下落经胸前由下颏处向前、向上伸出，拳心向上，上式不停，左拳随即顺右臂内侧前伸，待两拳接近时，向内翻转变掌下劈，高与腰平，右掌撤到腹前，两掌心向前下方，同时右脚撤至左脚位置急速落地，屈膝半蹲，左脚随之提起，靠在右踝关节处，脚尖上翘，成右独立步；眼看左掌（图2-116）。

要点：先将右手撤回向上伸出，左掌下劈要和右脚落地动作协调一致，独立步要稳，右脚落地，要沉着有力，腰要塌，头要顶，肩要松，身体要稳定。

12. 进步右崩拳（金鸡食米）

与前"金鸡食米"动作及要点完全相同，唯方向相反（图2-117）。

13. 转身左撑掌（金鸡抖翎）

与前"金鸡抖翎"动作及要点完全相同，唯方向相反（图2-118、2-119）。

图2-118　　　　　　　　图2-119

14. 独立下插掌（金鸡上架）

与前"金鸡上架"动作及要点完全相同，唯方向相反（如图2-120）。

图2-120　　　　　　　　图2-121

15. 进步右挑掌（金鸡报晓）

与前"金鸡报晓"动作及要点完全相同，唯方向相反（图2-121）。

16. 进步左劈掌

同9动作，唯方向相反（图2-122、2-123）。如此往返重复练习，数量因人制宜。

17. 收式

打到起式位置，并做出进步左劈掌以后，左臂屈肘，左手由胸前下落，两臂垂于身体两侧，同时左脚收回，靠拢右脚，成立正姿势。

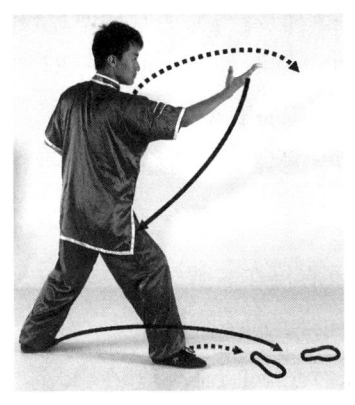

图 2-122　　　　　　　图 2-123

（七）鹞形

鹞属于猛禽类。鹞形动作中采用了"束身""入林""钻天""翻身"等象形取意的拳法动作。着重身法和手法的变化，比虎形、鼍形、蛇形较为复杂。例如"鹞子翻身"动作，两臂的摆动必须与身形、精神协调配合，突出表现了刚健完整的神态，对肩部、腰部、胯部以及眼法的训练要求很高。鹞形动作沿直线行进。

1. 预备式

同三体式（图 2-124）。

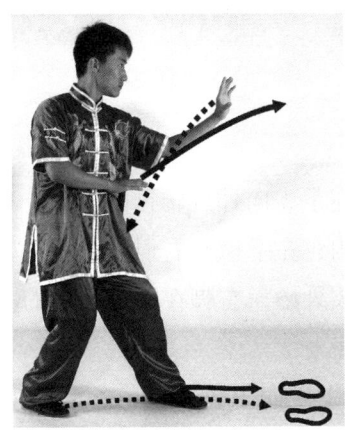

图 2-124　　　　　　　图 2-125

2. 鹞子束身式

两掌变拳，右拳翻转，拳心向上，由左前臂下面向前、向上伸出，高与眼平，左拳在右拳前伸的同时，拳心翻转向上撤至腹前，两拳拳心均向里；左脚在两掌变拳之后，先向前垫步，然后右脚在右拳上伸的同时，再向前进一步，左脚随之跟至右腿内侧，左脚靠紧右踝关节处，脚尖上翘；眼看右拳（图2-125）。

要点：右拳伸出要和右脚落地整齐一致，身体要平衡稳定，肩要沉，腰要塌。

3. 鹞子入林式

左脚直向前进一步，右脚位置不动，重心仍在右腿，脚尖略向外撇；同时左拳直向前打出，高与胸平，拳眼向上，右前臂向外、向上翻转上架，右拳置于右额角前，拳心向前，拳眼向下，成左顺步炮拳式；眼看左拳（图2-126）。

要点：左脚进步要与左拳打出、右拳上架整齐一致，左臂不要伸直左肘与左膝要上下相对，两膝关节要微向里扣，两肩要向下沉。

图2-126　　　　　　　图2-127

4. 鹞子钻天式

右前臂向外旋转下落，拳心转向上，左拳先向外翻转再向里扣；右拳顺着左腕上方向前、向上伸出，高与眉齐，拳心向内；左拳撤至右肘下方，拳心向下，左肘靠近胸部左侧，同时左脚稍向前垫步，脚尖外撇，右脚在右拳上伸的同时，向前进一步；眼看右拳（图2-127）。

要点：右拳下落时，前臂（包括肘部）要向里裹劲，将拳心转向上之后再向前伸出，右拳前伸要和右脚进步整齐致，肩要沉，头要顶（图2-127）。

5. 鹞子翻身式

身体向左转，右脚尖向里扣；同时右臂屈肘随身体向左转，左拳在右肘下面也随之外旋转动，经胸前伸至左肩前，右拳下落在左肘下方，左拳向左上方翻转，拳心向里；不停，两拳再由面前向右后转，右拳转到右后方，屈肘将右拳收至右腰侧，拳心向上，左拳由右肩前下落，经腹前翻转向身体左侧伸出，拳眼向上，高与腰平；同时身体左转，右脚也随之扭直，如三体式步型；眼看左拳（图2-128）。

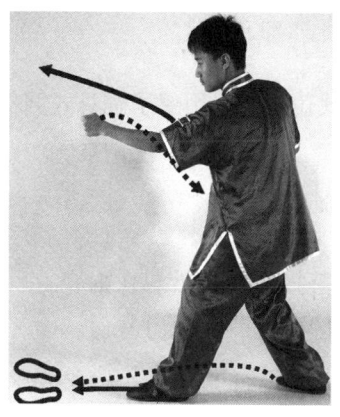

图 2-128

要点：身体由右向左转，再由左向右后转，再复转向左，反复转动中间不要停顿，眼神也必须随着两臂转动的方向向左右看；随右臂转到右后方，再猛然向左转头；最后向左转动时，身体略向下蹲，但不要俯身太大，要完全以腰为主转动，以保持全身完整。

图 2-129　　　　　　图 2-130

6. 鹞子束身式

同2动作，唯2是由三体式开始，而此式是由两手握拳，转身动作开始（图2-129）。

7. 鹞子入林式（图2-130）、8. 鹞子钻天式、9. 鹞子翻身式

分别与3、4、5动作相同，唯方向相反。

10. 收式

往返练习，打到原来起式位置，仍用鹞子翻身式回身，稍停，将左手左脚收回，成立正姿势。

（八）燕形

此形着重表现了燕子下落抄水的巧妙。在内容上，它由起伏、前纵、独立和旋转等动作组成，能很好地锻炼腰部、腿部以及肩、髋各关节。"燕子抄水"一式，看来简单，实际上它既要求上下配合的完整不懈，又要求灵活和快速有力，纵得要远，落得要稳，身体左右转动时，精神必须完整配合，做到形神合一。燕形沿直线往复练习。此形在传统练法中，多为打出左劈掌之后向右回身，如果为了更全面地锻炼身体，学者可以参考右式回身的练法，在回身前再加上一个右劈掌，就可以向左转回身了。这样可以去时用左式"燕子抄水"，回时用右式"燕子抄水"，如此左右反复地锻炼，对身体会有更全面的收益。

1. 预备式

同三体式（图2-131）。

图2-131

图2-132

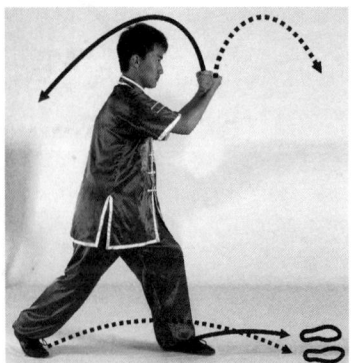
图2-133

2. 燕子抄水式

（1）右掌向左前臂下方伸出，然后握拳向上、向右划弧，再由右下方经体前向上方挑起，左掌同时变拳随右拳右转屈肘回收，经胸前向左下、向左伸出，与右腕交叉成十字手势，立即再将左拳由内转至右拳下面，拳心向下，右拳拳心向左；身体先向右转，再向左转回，重心在两腿中间，左膝略向前弓，右脚跟离地，膝部向下弯曲；眼平视前方（图2-132、2-133）。

要点： 上体转动时不要过于俯身，要以腰为轴心，速度要快，眼神随着转动扫视，腰要塌，肩要沉，右脚掌要尽力蹬地。

（2）上式略停，右脚尽力向前进一步，屈膝半蹲，左脚随之跟进，靠在右踝关节处，脚尖翘起，两腿靠紧；同时两臂由上向左右分开，两拳高与肩平，拳眼向上，两肘微屈；眼平视左前方（图2-134）。

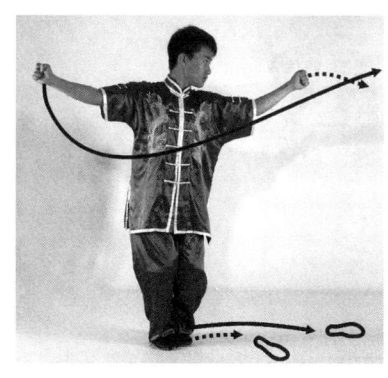 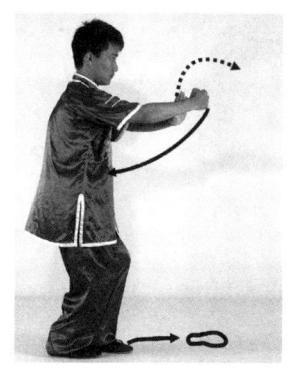

图2-134　　　　　　　　图2-135

（3）两拳分开要和右脚前进的动作整齐一致，纵跳要远，落下要稳，腰要塌，头要顶。

3. 进步右崩拳

左脚向前进一步，右脚随着跟进，右脚跟紧靠左脚跟，两腿屈膝半蹲；同时右拳收经腰侧向前打出，拳眼向上；左拳变掌向里翻转，扣右腕部；眼看右拳（图2-135）。

要点： 右拳打出和左脚进步动作要整齐一致，肩要沉，腰要塌。

4. 左劈掌

右脚不动，左脚前进半步；同时左掌顺着右拳向前劈出，高与肩齐，掌心向前下方，右拳变掌撤至腹前，姿势完全与三体式相同；眼看左掌（图2-136）。

要点：完全与五行拳中劈拳式相同（参阅第二章第二节）。

5. 回身式

左掌下落变拳，收回左腰侧，右掌也随之变拳停在右腰侧，两拳心均向上；同时以左脚脚跟为轴，脚尖里扣，身体向右后转，右脚尖也随之扭直，完全与劈拳式回身相同；眼看前方（图2-137）。

图2-136

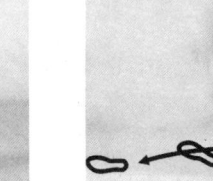
图2-137

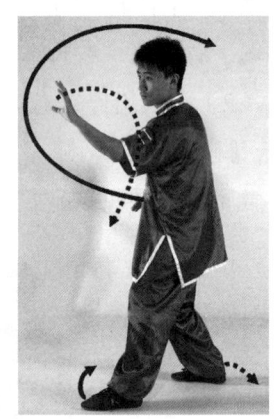
图2-138

6. 进步左劈掌

右脚向前垫步，脚尖外撇，同时右拳经胸前向上、向前伸出，高与眼平，拳心向里，然后左脚前进一步，左拳变掌顺着右前臂向前劈出，成左劈拳式；眼看左掌（图2-138）。

7. 燕子抄水式

同2，唯方向相反。

8. 进步右崩拳

同3，唯方向相反。

9. 左劈拳

同4，唯方向相反。

10. 回身式

同5，唯方向相反。

11. 进步左劈掌

同 6，唯方向相反。如此往返重复练习。

12. 收式

打到起式位置，用劈拳回身式后转，并做出进步左劈掌，随后将左脚撤回，靠拢右脚；同时左掌由胸前下落，两臂垂于身体两侧，站起成立正姿势。

（九）蛇形

蛇形主要模仿蛇之盘旋屈伸，过去称"蛇有拔草之精"，就是形容它的曲折吞吐，伸缩往来的巧妙。因此，在练法上，应该使动作柔韧、灵活，开合吞吐鲜明，周身节节贯通，在曲折中力求用劲完整。蛇形动作是左右式反复，沿波浪形曲线斜向前进。

1. 预备式

同三体式（图 2-139）。

图 2-139

图 2-140

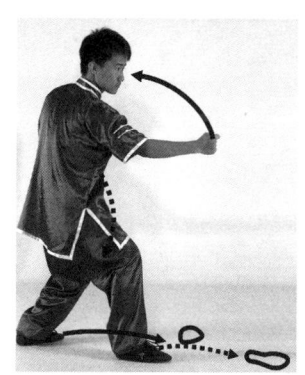
图 2-141

2. 蛇形右式

（1）左脚向前垫步，屈膝略蹲，右脚也随之略向前跟步，脚跟离地，膝部向下弯曲，体重移于左腿；同时右掌由腹前向左下方插下，掌心向外，指尖向下，手背贴在左胯前，左臂也随之屈肘，左掌收到右肩前，掌心向外，指尖向上；眼看右前方（图 2-140）。

（2）上式略停，右脚向右前方迈一步，左脚随之跟进半步，重心仍偏于左腿；同时两掌变拳，右拳由下向右、向上撩出，高与腰平，拳眼向上；左拳撤至左胯旁，拳眼向上，身体略向前倾；眼看右拳（图2-141）。

要点：

（1）右掌向下插和左掌向上穿要紧贴身体；左脚垫步和两掌上下变动要整齐一致；胯要松，肩要沉，头要向上顶。

（2）右拳向前撩和右脚进步要整齐一致，右脚进步务要经过左脚内侧，再与右拳同时动作，右臂不可伸直，头要顶，腰要塌。

3. 蛇形左式

（1）右脚向前垫步，屈膝略蹲，重心移于右腿，左脚也随之跟进半步，脚跟离地，膝部向下弯曲；同时左拳变掌，由左经腹前向右胯旁插下，掌心向外，指尖向下，右拳变掌屈肘收于左肩前，掌心向外，指尖向上；眼看左前方（图2-142）。

（2）上式略停，左脚向左前方进一步，右脚随之跟进半步，重心仍偏于右腿；同时两掌变拳，左拳由下向左、向上撩出，高与腰平，拳眼向上；右拳撤至右胯旁，拳眼向上，身体略向前倾；眼看左拳（图2-143）。

图2-142　　　　　　图2-143

要点：与前蛇形右式同，唯左右相反。

4. 蛇形右式

同2。

5. 回身式

打出蛇形右式之后再回身，右臂屈肘，右手由拳变掌收至左肩前，掌心向外，指尖向上,左拳变掌向右胯旁插下,掌心向外,指尖向下,右脚提起向左脚外侧扣一步,同时以左脚掌为轴,身体左后转约180°,屈膝半蹲,重心偏于右腿,左脚跟微离地面,眼看左前方(图2-144)。

6. 蛇形左式

同3,唯行进方向相反(图2-145)。

图2-144

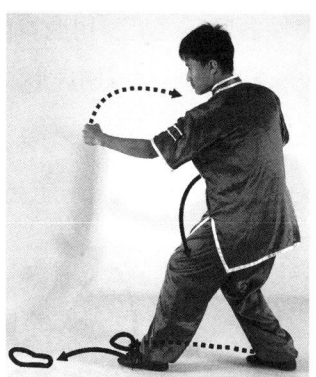
图2-145

7. 蛇形右式

同4,唯行进方向相反(图2-146、2-147)。

图2-146

图2-147

8. 收式

反复操练,待打至起式位置,打出右式回身之后,再打出蛇形左式(参见2-142、

2-143），将左拳收回，由胸前落下，同时将左脚收回，靠拢右脚成立正姿势。

（十）䭾形

䭾是传说中一种类似鸵鸟的动物，旧拳书称它有"竖尾升空之能"，有"下落捣物之力"。形意拳模拟这种动物形式，以锻炼肩、肘各部的灵活和臂、胸、背各部肌肉的弹力。此形步法与虎形大致相同，但是手法有区别：虎形是两掌向前扑，而䭾形是两臂左右回环之后，用两拳向前冲。在䭾形练习中，要始终维持两臂与身上用劲的完整一致。䭾形路线同虎形，沿波浪形直进斜打。

1. 预备式

同三体式（图2-148）。

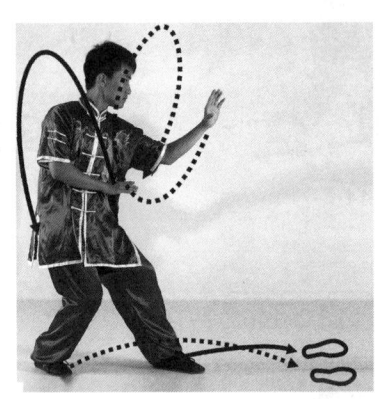

图2-148

2. 䭾形左式

（1）左脚向前垫步，左掌下落变拳，收回腹前，右掌也同时变拳，拳心均向内，靠近腹部；然后右脚向前进一步，左脚随之前跟，紧靠右踝关节处，脚尖上翘，同时两拳向上，至头部上方向左右分开，划一整圆，收至腰部两侧，拳心均向上；眼平视左前方（图2-149）

（2）左脚向左前方进一步，右脚随之向前跟半步，膝部弯曲，重心偏于右腿，同时两拳由腰部直向前冲出，拳心向上，两臂微屈，两拳中间距离10~20厘米；眼看左拳（图2-150）。

要点：

（1）两臂分开划圆向腰部收回的动作，要和右腿进步一致，落步后要平衡稳定，两肘要紧靠肋部，两肩要沉，腰要塌。

（2）左脚前进要与两拳前冲整齐一致，两臂不要伸直，腕部与拳心要保持平直，不可上翘或下弯，腰要塌，头要顶。

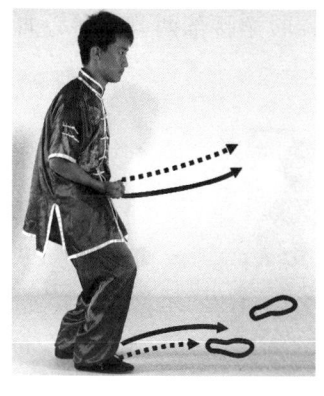
图 2-149

图 2-150

3. 骀形右式

（1）左脚向前垫步，右脚随之前跟，右脚紧靠左踝关节处，脚尖上翘，同时两拳向上，至头部上方向左右分开，划一整圆，收至腰部两侧，拳心向上；眼平视右前方（图 2-151）。

（2）动作完全与左式同，唯左右相反（图 2-152）。

要点：完全与左式同。

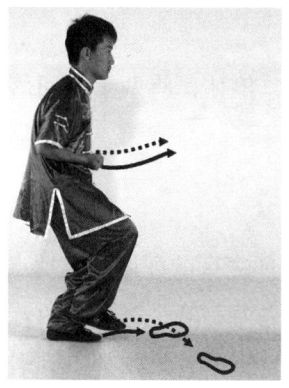
图 2-151

图 2-152

4. 回身式

右脚提起，以左脚掌为轴，身体向左后转，随即右脚在左脚旁落步（距离左脚20~30厘米）；左脚在右脚将落未落之际，提起靠在右踝关节处，脚尖上翘；同时两拳向上至头部上方向左右分开，划一整圆，收至腰部两侧，拳心向上；眼平视左前方（图2-153）。

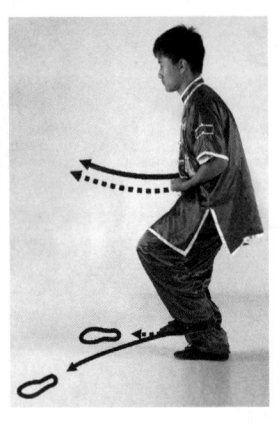

图2-153

要点：转身速度要快，两拳分开下落要和右脚落地一致；在右脚未落时，左脚即行提起，身体要稳定，腰要塌，肩要沉，两肘要靠紧肋部；接上式再进左脚，两拳再直着向前冲出，与左式完全相同，唯行进方向相反；如此左右轮换向原来方向打回去，待打出右式再转身。

5. 收式

打到原来起式位置时，转身后打出左式，停住，将两拳收回落下，左脚撤回靠拢右脚，成立正姿势。

（一）、（一二）鹰形熊形合演

此拳的内容,是采取鹰捉物的准确勇猛和熊守御的浑厚顶竖特点,融合为一而成。在动作中，起是熊形，身法要体现顶头竖颈之力；落是鹰形，两臂要有翻落捉拿之劲。通过起落钻翻，左右轮换，使学者四肢、躯干、头颈都得到锻炼。过去曾形容形意拳有鹰熊斗志的精神。旧拳谱中有"鹰熊竞志，取法为拳。阴阳暗合，形意之源"说法，表明形意拳处处不离阴阳和攻守，不离鹰熊起落伸缩之势。鹰熊二字也取英雄二字谐音。故而在十二形中鹰熊二形合演为一势。锻炼中应尽量使呼吸借着伸缩起落的动作上下调节，就是说，动作的伸展与收缩要密切配合呼吸，以使动作发劲完整，严密协调。此形的运行方向和路线也和虎形大体相同，唯左右垫步时，后脚脚跟提起收在前脚后侧。

1. 预备式

同三体式（图2-154）。

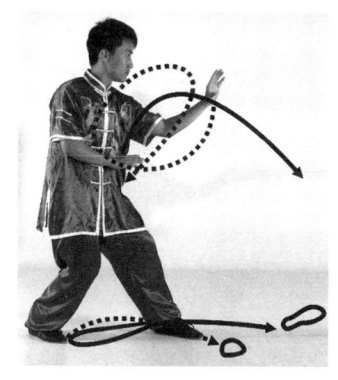 

图2-154　　　　　　　　图2-155

2. 右鹰形落式

左掌下落变拳，经腹部、胸部贴近下颏向上，向前伸出，高与眼平，拳心向内；同时右掌变拳，在左拳伸出后，右拳顺着左前臂内侧向上伸，伸到两拳接近时变掌翻转向下按，右掌高与腰平，左掌撤至左腰旁，两掌掌心均向下；左脚在左拳上伸时撤至右脚内侧，脚尖着地，待两掌翻转下按时，左脚速向左前方进一步，右脚随着跟进半步，重心在两腿中间，右脚跟微离地面，膝部弯曲；眼看右掌（图2-155）。

要点：左掌下落时，两掌要同时变拳，左脚与左掌同时撤回，右掌下按，臂不要伸直，两掌如鹰捉物，两膝要向里扣，身体略向前倾，两掌下按要与左脚进步整齐一致。

3. 右熊形起式

右掌下落变拳，经腹前、腰前贴近下颏向上、向前伸出，高与眼平，拳心向内，左掌也同时变拳；拳心向下；同时左脚向前垫步，右脚位置不动，脚跟提起，重心偏重于左腿；眼看右掌（图2-156）。

要点：右拳向上伸要与左脚垫步一致，左脚尖略向里扣，两膝也均向里扣，右脚掌要蹬地，颈要竖直，腰要塌，两肩下沉。

4. 左鹰形落式

右脚经左脚内侧向右前方进一步，左脚随之跟进半步，重心在两腿中间；同时左拳顺着右前臂内侧向上、向前伸，伸到两拳接近时变掌翻转向下按，左掌高与腰平，右掌撤至右腰旁，两掌掌心均向下，眼看左掌（图2-157）。

要点：与鹰形右式完全相同，唯左右相反。

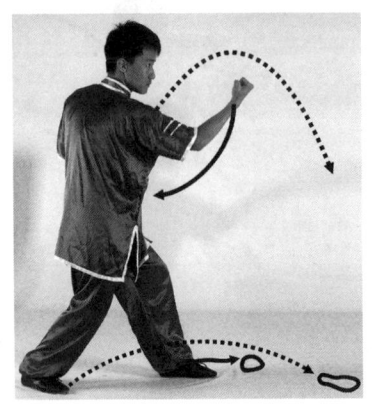 

图2-156　　　　　　图2-157

5. 左熊形起式

同3，唯左右相反（图2-158）。

 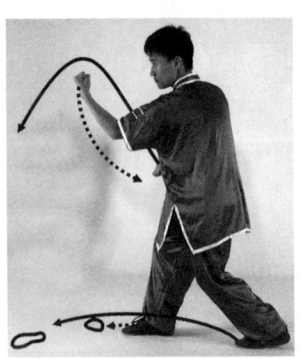

图2-158　　　　　　图2-159

6. 右鹰形落式

同 2。

7. 回身式

待左式鹰形打出后，以两脚掌为轴，身体向左后转约 180°；同时左掌下落变拳经腹部、胸部贴近下颏向上、向前伸出，高与眼平，拳心向内，右拳置于右腰旁，拳心向下；右脚随转体方向向前进一步，屈膝半蹲，体重偏于右腿，左脚脚跟离地，膝部弯曲；眼看左拳（图 2-159）。

要点：左拳伸出要与右腿进步动作一致，转身时动作要快，要保持平衡稳定。

8. 右鹰形落式

左脚继续向左前方进一步；同时右拳顺左前臂内侧向上、向前伸，待两拳接近时变掌，翻转向下按出，动作完全与前右鹰形落式相同，唯方向相反（图 2-160）。这样可以左右轮换向原来方向打回去，往返次数根据体力和场地情况自行掌握（图 2-161，2-162）。

  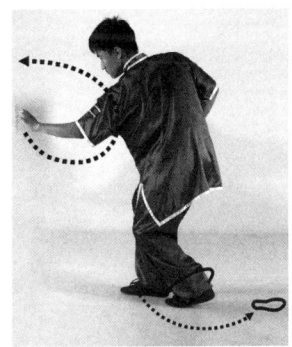

图 2-160　　　　　　　图 2-161　　　　　　　图 2-162

9. 收式

打到原来位置，做出左鹰形落式后向左转身，再打出右鹰形落式；随之将左掌由右掌下面前伸，右掌撤至腹前，变成三体式姿势，微停，身体站起成立正姿势。

第三章 单练套路

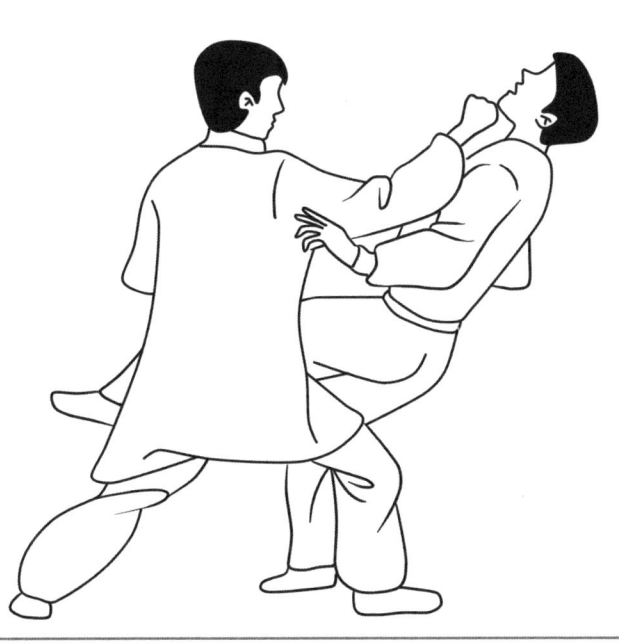

第一节 五行连环拳

这是在五行拳基础上构成的一个组合拳套，结构短小紧凑，往返内容相同，打起来生动活泼，是形意拳中一个基本套路，流行面很广。

一、五行连环拳动作名称

1. 预备式
2. 进步右崩拳
3. 退步左崩拳（青龙出水）
4. 顺步右崩拳（黑虎出洞）
5. 退步抱拳（白鹤亮翅）
6. 进步炮拳
7. 退步左劈掌
8. 拗步右钻拳
9. 跳步双劈掌（狸猫上树）
10. 进步右崩拳
11. 回身式（狸猫倒上树）
12. 收式

二、五行连环拳动作说明

1. 预备式

开始姿势完全同三体式，可参阅三体式说明（图 3-1）。

图 3-1　　　　　　　　图 3-2

2. 进步右崩拳

两掌变拳握紧，然后左脚前进一步，右脚随之跟步，重心仍坐在右腿；前脚跟与后脚跟相对，两脚距离 20~30 厘米；同时，右拳顺着左臂方向直向前打出，拳眼向上，拳面微向前倾，左拳撤至腰部左侧，拳心向上，眼看右拳（图 3-2）。

要点：左脚前进落地与右拳打出务要整齐一致，抬脚不要过高，身体要平稳，腰要塌住。

3. 退步左崩拳（青龙出水）

左脚、右拳不动，右脚向后撤半步，然后左脚再顺着右脚方向撤至右脚后方，两脚交叉，左脚顺，右脚横，左脚跟微离地面，成半蹲坐盘姿势；左脚向后撤时，左拳同时向前打出，拳眼向上，右拳同时撤至腰部右侧，拳心向上；眼看左拳（图 3-3、3-4）。

注：此式也多有做成退步左横拳的练法：步法步型不变，唯两拳做成横拳，左拳心向上，右拳心向下；或两拳仍做成左立拳右仰拳，唯左拳打出路线稍呈弧形，含横劲。

要点：退右脚时身体不动，右肩也不可随着向后扭转；左脚后撤时先用力以脚跟触地，再离开地面；两腿膝部要靠紧（左膝抵住右膝窝），左脚后撤与左拳前打，务要整齐一致。

图 3-3　　　　　　　　　图 3-4

4. 顺步右崩拳（黑虎出洞）

右脚向前进一步，左脚随之跟步，同时右拳顺着右脚方向直向前打出，拳眼向上，高与胸平；左拳撤至腰部左侧，拳心向上，成右拳右脚在前的顺步崩拳姿势；眼看右拳（图3-5）。

要点：右脚前进与右拳打出，务要整齐一致，两肩向下沉，左前臂与左肋部要靠紧，头要顶，腰要塌。

图 3-5　　　　　　图 3-6-1　　　　　　图 3-6-2

5. 退步抱拳（白鹤亮翅）

（1）左脚向后撤半步（略偏向左），同时右臂屈肘，右拳贴近腹部由上向下插，拳心向上，左拳置于右拳下方，拳心向下（图3-6）。

（2）身体右转，同时两手上举（右拳左掌），经头部前上方分开，再由两侧下落划一立圆，收到腹前，右拳落在左掌掌心内；同时右脚撤到左脚前方；眼看前方（图3-7、3-8）

要点：右拳向下插与左脚向后撤动作要整齐一致，两臂与腹部要靠紧，两肩要尽力向下沉劲。两臂分开时，眼要随着看右拳，右拳落在左掌心和右脚撤回要一致，并发出一个响音，体现整齐一致（如身体动作完整不带音响亦可），头要顶，肩要沉，腰要塌，两前臂要紧靠腹部，不可离开，气要向下沉。

图3-7　　　　　图3-8　　　　　图3-9

6. 进步炮拳

右脚向前迈进一步（略偏向右），左脚向前跟步；同时左掌变拳向前打出，右拳经胸前起钻翻转上架，停于头部右上方，成右脚左拳在前的拗步姿势；眼看左拳（图3-9）。

要点：右脚前进落地时，要与左拳的打出整齐一致；右拳上起时，拳心要随着身体转动由里转向前方，先向上钻，再向外翻转，不要横着向上架，肩要沉，腰要塌。

7. 退步左劈掌

（1）右拳向体前下落，拳心向上，左拳收回停于腰部左侧，拳心向上；右脚随之向后撤一步；眼看右拳。

（2）左拳经右前臂上方前伸同时翻转变掌下劈，右拳在左拳翻转变掌时，也变掌向下按，停于腹部前方；眼看左掌（图3-10、3-11）。

要点：以上两个动作须连贯起来，中间不要停。右拳向下落时，前臂要向里裹劲，左臂前伸时拳心先转向上再变掌翻转。要沉肩坠肘，两臂不要伸直。

图3-10　　　　　　　　图3-11

8. 拗步右钻拳

（1）前式稍停，右脚不动，身体向右转，两掌随之由身体左侧下落变拳，收回腹前，拳心均向上，两前臂抱于腹部两侧；同时左脚收回，悬空靠在右踝关节处；眼看前方（图3-12）。

图3-12　　　　　　　　图3-13

（2）身体左转，左拳由胸前向上钻出，然后左脚前进一步，右脚也随之跟进半步；同时右拳顺着左前臂上方钻出，高与鼻尖平，左拳向内翻转，撤回腹部左侧，拳心向下；眼看右拳（图 3-13）。

注：此式也可做成包裹式：两拳皆改为八字掌钻出，步型为前腿屈弓，后腿弯曲，脚跟离地（骑龙步）。

要点：两掌变拳收回和左脚收回要动作整齐一致；右拳向上钻出和左脚进步落地也要完整协调，腰要塌，头要顶。

9. 跳步双劈掌（狸猫上树）

两手不动，左脚直向前垫步，膝部微屈，右腿随之向上提起，脚尖向上勾住，然后右脚脚跟用力向前、向下横踩落地，左脚随之跟进半步，脚跟离地，成前脚（右脚）横、后脚（左脚）顺的半坐盘步；同时左拳顺着右臂内侧上伸翻转变掌向前，向下劈，前手高不过口，右拳变掌撤至腹前；眼看左掌食指尖（图 3-14、3-15、3-16）。

图 3-14　　　　　　图 3-15　　　　　　图 3-16

要点：右腿提起前蹬时，左腿不可伸直，并要保持平衡稳定；右脚落地要与左掌前劈动作完整一致；两腿交叉坐盘时，后膝要与前膝窝抵紧；头要顶，肩要沉，腰要塌。

10. 进步右崩拳

两掌变拳，右脚先向前垫步，然后左脚再向前进一步，右脚随之跟进半步，重心仍在后腿；同时右拳顺着左臂直向前打出（拳眼向上），左拳撤至左腰侧（拳心向上），眼看右拳（图 3-17）。

要点：右脚向前垫步时，身体姿势不变，左脚进步要远、稳、快，身体不要忽高忽低，要保持平衡。

图 3-17　　　　　　　　图 3-18

11. 回身式（狸猫倒上树）

（1）左脚向里扣步，以右脚掌为轴，身体向右后转180°；同时右拳屈肘收回腰部右侧（拳心向上），重心偏于左腿；眼平看前方（图3-18）。

（2）右拳经胸前和下颏前向上、向前钻出，高与鼻尖齐平；右腿向上提起，脚尖向上钩，然后右脚脚跟用力向前、向下踩，横脚落地，左脚也随之跟进半步，脚跟离地，左腿膝部与前膝窝抵紧；成前脚横、后脚顺的半坐盘步；同时，左拳顺着右臂内侧上伸，翻转变掌向前、向下劈，前手高不过口，右拳变掌撤至腹前；眼看左掌食指尖（图3-19、3-20）。

图 3-19　　　　　　　　图 3-20

要点：转身速度要快，身体不可忽起忽落；右脚提起向前蹬时，左腿不可伸直，并保持平衡稳定；右脚落地要与左掌前劈完整一致；两腿交叉半蹲时，后膝要与前膝窝抵紧，头要顶，肩要沉，腰要塌。以上是连环拳单行动作说明，如果继续向原来方向回打时，仍是垫前脚（右脚）进左步打右崩拳，再接青龙出水式、黑虎出洞式、白鹤亮翅等。与上述动作完全相同，唯进行方向相反，请参阅前面说明。

12. 收式

往返打到原来起式的位置，回身后做收式，动作与五行拳的崩拳收式完全相同，请参阅第二章第二节中崩拳收式动作图片及说明。

第二节 杂式捶

"杂式捶"是一个传统套路，过去称为五行、十二形合演，实际上十二形的内容并未全部包罗。此套路流传很广，各地练法不完全一致，是传统套路中组合比较复杂的一项。

一、杂式捶动作名称

1. 预备式
2. 原地左崩拳
3. 提步右崩拳（鹞子束身）
4. 顺步炮拳（鹞子入林）
5. 左退步捋掌（虎洗脸）
6. 右退步捋掌（虎洗脸）
7. 左压右架拳（乌龙取水）
8. 退步下砸拳（单展翅）
9. 左崩拳
10. 右顺步崩拳
11. 退步抱拳（白鹤亮翅）
12. 进步炮拳
13. 顺步炮拳（鹞子入林）
14. 左退步捋掌（虎洗脸）
15. 右退步捋掌（虎洗脸）
16. 左压右架拳（乌龙取水）
17. 纵步双分拳（燕子抄水）
18. 右崩拳
19. 顺步炮拳（鹞子入林）
20. 左退步捋掌（虎洗脸）
21. 右退步捋掌（虎洗脸）
22. 进步右崩拳（金鸡食米）
23. 撤步左劈掌
24. 进步左推掌（推窗望月）
25. 马步双撑掌（三盘落地）
26. 坐盘下插拳（懒龙卧道）

27. 进步左横拳（乌龙翻江）　　28. 原地右崩拳

29. 左冲右蹬（龙虎相交）　　30. 顺步右崩拳

31. 退步抱拳（白鹤亮翅）　　32. 进步炮拳

33. 顺步炮拳（鹞子入林）　　34. 左退步捋掌（虎洗脸）

35. 右退步捋掌（虎洗脸）　　36. 左压右架拳（乌龙取水）

37. 退步下砸拳（单展翅）　　38. 左崩拳

39. 右顺步崩拳　　　　　　　40. 转身双摆掌（风摆荷叶）

41. 进步左劈掌　　　　　　　42. 进步右钻拳（鹞子钻天）

43. 鹞子翻身　　　　　　　　44. 提步右崩拳（鹞子束身）

45. 顺步炮拳（鹞子入林）　　46. 收式

二、杂式捶动作说明

1. 预备式

身体半侧站立，左脚直向前，右脚斜向45°，两脚跟靠拢。两臂垂于身体两侧，两手贴靠腿部；眼向前平看（图3-21）。

要点：身体要正直，沉肩，塌腰，下颏内收，全神贯注，呼吸自然。

图3-21

图3-22

图3-23

2. 原地左崩拳

（1）两腿屈膝半蹲，体重偏于右腿，两手握拳在腹前交叉（右拳在上，左拳在下），右拳拳心向外，左拳拳心向里，两前臂紧靠腹部两侧；眼看前方（图3-22）。

（2）右脚不动，左脚向前迈一步，膝部微屈，重心仍偏于右腿；同时左拳向前打出，拳眼向上，高与腰平，右拳撤至右腰旁，拳心向上，身体略向前倾；眼看左拳（图3-23）。

要点：

（1）身体下蹲时，体重要大部集中在右腿，两肘要靠近两肋，两肩尽力向下沉；右拳先向前抬起，再用力与左拳上下交叉。

（2）左拳前伸要与左脚迈出动作整齐一致，两膝微向里扣，头要顶，腰要塌，臀部不可凸出。

3. 提步右崩拳（鹞子束身）

左脚向前垫步，右脚随即尽力向前进一步，左腿在右脚将落未落之时迅速提起，左脚跟至右腿内侧，紧靠右踝关节处，脚尖上翘，成右独立步，同时右拳由腰侧直向前打出，拳眼向上，高与胸齐，左拳撤至左腰侧，拳心向上，眼看右拳（图3-24）。

要点： 左脚垫步落地不停，速即用力蹬地，迈右脚，速度要快，身体要保持平衡稳定，右脚落地与右拳打出要整齐一致，右臂不可伸直，肩要沉，肘要坠，腰要塌住。

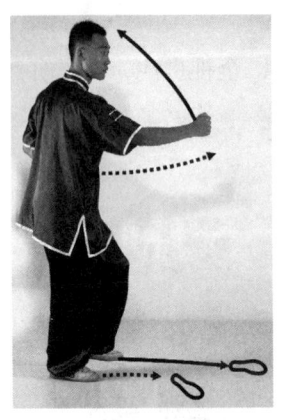 

图3-24　　　　　　　　图3-25

4. 顺步炮拳（鹞子入林）

左脚向前进一步，右脚随之跟步，体重仍偏于右腿，同时左拳直向前打出，高与胸齐，拳眼向上，肘部微屈；右臂屈肘翻转向上架，右拳置于右额角前，拳眼向下，眼看左拳（图3-25）。

要点：左拳打出、右臂上架与左脚进步要整齐一致；两腿膝部要微向里扣，腰要塌，肩要沉。

5. 左退步捋掌（虎洗脸）

右拳由上落于右腰侧，微停，随即变掌由腰部向自己的右面部搂去，掌心向左，指尖向上；在右掌向上伸出时，左拳也随之撤至腰部左侧，拳心向上；同时身体速向左转，左脚向后退一步，体重立即偏向左腿，右腿膝部微屈，上体微向前倾，眼看左斜下方（图3-26）。

要点：右掌前伸和左拳回撤，务要与左腿后退动作一致；转动时要以腰为主，右臂的下落和上伸要以肩关节为轴，肘部不可向外张开，胯要缩，肩要沉。

图 3-26

图 3-27

6. 右退步捋掌（虎洗脸）

左拳变掌由腰部向自己的左面部搂去，掌心向右，指尖向上，右掌随之变拳撤至腰部右侧，拳心向上，同时身体右转，右脚向后退一步，体重立即移向右腿，左腿膝部微屈，上体微向前倾，眼看右斜下方（图3-27）。

要点：与左退步捋掌完全相同，唯左右相反。

7. 左压右架拳（乌龙取水）

（1）步法不动，身体速向左扭转；同时右拳变掌仍向自己面部右侧搂去，左掌变拳撤至腰部左侧，体重略向前移(偏重左腿)；上式微停，右掌继续由面前搂下变拳，左拳速从右拳上面向前、向上伸出，高与眼平，拳心斜向上，右拳停于左肘下面，拳心向下；眼看左拳（图3-28）。

（2）上式不停，右拳由左臂下面向上架起，屈肘停于头部右上方，拳心向前，左拳向里翻转，落在腹前，拳心向下，同时上体后移，左脚略向后撤，重心偏于右腿；眼看前方（图3-29）。

图 3-28

图 3-29

要点：左拳落下不停，立刻从右拳上面伸出去，速度要快；左拳下落、右拳上架与重心后移要动作一致。

以上由左退步挡掌起，动作一直要连贯下来，中间不要有显著的停顿，但还须看出节奏和每一动的着力点；到最后定势时再稍稍停顿一下，注意保持姿势之间的劲路不要中断，做到势换劲连。

8. 退步下砸拳（单展翅）

左脚后撤一步，右脚也随之撤至左脚内侧（右脚跟靠近左脚弓），同时右拳速由上外旋翻转向下落，前臂紧靠腹部，拳心向上，左拳亦翻转向上；眼看前方（图3-30）。

要点：右拳下落要与右脚后撤动作整齐一致，速度要快；撤右脚时，胯要尽力向后缩，身体微向前倾，眼神随右拳下落后速向前看；头要顶，肩要沉，胯要缩，两前臂要贴紧腹侧。

9. 左崩拳

右脚向前迈一步，左脚随之跟进半步，重心仍偏于左腿；同时左拳由腰部向前打出，拳眼向上，高与胸齐，右拳撤至腰部右侧，拳心向上；眼看左拳（图3-31）。

要点：左拳打出时，左肩要向前顺，臂不要伸直，右脚落地要与左拳打出整齐一致。

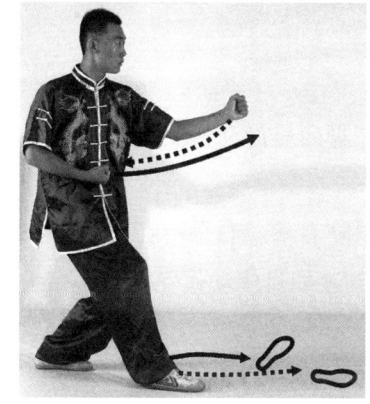

图 3-30　　　　　　　图 3-31　　　　　　　图 3-32

10. 右顺步崩拳

右脚继续向前进一步，左脚随之跟进半步，重心仍偏于左腿；同时右拳由腰部直向前打出，拳眼向上，高与胸齐，左拳撤至腰部左侧，拳心向上；眼看右拳（图3-32）。

要点：与左崩拳相同，唯左右相反。

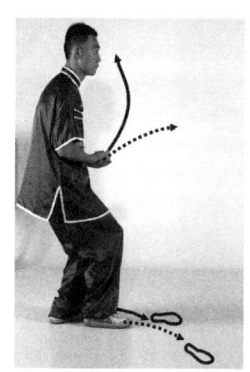

图 3-33　　　　　　　图 3-34　　　　　　　图 3-35

11. 退步抱拳（白鹤亮翅）

（1）左脚向后撤一步（略向左斜），同时右臂屈肘，右拳贴近腹部由上向下插，拳心向上，左拳置于右拳下方，拳心向下，两前臂靠紧腹部；眼看右拳（图3-33）。

（2）两臂同时向上举，右拳左掌经头部前方分开，再由两侧下落收到腹前，右拳落在左掌掌心之内；同时右脚撤到左脚前方（贴近左脚脚弓处）；眼看前方（图3-34、3-35）。

要点：

（1）右拳向下插与左脚向后撤动作要整齐一致，两臂与腹部要靠紧，两肩要尽力向下沉劲。

（2）两臂分开时，眼随右拳。右拳落在左掌心和右脚撤回要协调一致，可以发出一个响音，体现手脚齐到（如身体动作完整，不带响音亦可），头要顶，肩要沉，腰要塌，两前臂要紧靠腹部，不可离开，气要向下沉。

12. 进步炮拳

右脚向前迈进一步（略向右斜），左脚随之向前跟半步；同时左掌变拳向前打出，右拳经胸前向上钻翻上架，停于头部右上方，成右脚左拳在前的拗步姿势，眼看左拳（图3-36）。

图3-36

要点：右脚前进落地与左拳打出要整齐一致；右拳上起时，拳心由里转向前方（先向上钻，再向外转，不要横着向上架）；肩要沉，腰要塌。

13. 顺步炮拳（鹞子入林）

（1）右拳向前、向下落，与左拳并齐之后，两拳同时屈肘撤回腰部两侧，拳心均向上，两前臂紧靠腰部；同时右脚撤至左脚位置，左脚立即提起，靠在右踝关节处，脚尖上翘（图3-37）。

（2）上式微停，左脚速即向前进一步，右脚向前跟进半步，体重偏于右腿；同时左拳由腰部向前打出，高与胸齐，拳眼向上，右拳经胸前向上翻转上架，屈肘停于头部右上方，拳心向外，眼看左拳（图3-38）。

要点：

（1）右拳向下落与左拳并齐后，先变掌回捋，将到腰部时再双手握成拳；左脚回撤要与两拳收回整齐一致，右脚将落未落时，左脚速提起向右腿靠拢，周身要完整如一。

（2）左脚迈出要与左拳向前打、右拳向上架协调一致，不可先此后彼。

图3-37　　　　　　　　　图3-38

14. 左退步捋掌（虎洗脸）

同5动作（图3-39）。

图3-39　　　　　　　　　图3-40

15. 右退步挎掌（虎洗脸）

同 6 动作（图 3-40）。

16. 左压右架拳（乌龙取水）

同 7 动作（图 3-41、3-42），但此式不可久停，立即接燕子抄水动作。

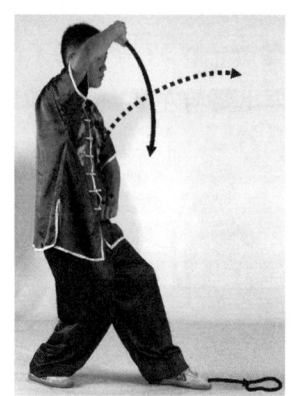

图 3-41　　　　　　图 3-42

17. 纵步双分拳（燕子抄水）

（1）左脚速向前迈半步，右脚不动；同时右拳下落，左拳仍由右拳背上面向前、向上伸出，高与眼平，拳心斜向上，右拳停于左肘下面，拳心向下；眼看左拳（图 3-43）。

图 3-43　　　　　　图 3-44

（2）右拳再由左前臂下面伸出，然后向上、向后翻转划弧，左臂随之屈肘，左拳经胸前向下落于左胯旁；同时身体速向右后方扭转，左脚跟向后蹬，上式不停，身体再向左转，左脚扭直；同时左拳略向前伸，右拳经右后方向下、向前挑起，与左腕部交叉成十字，右拳在外，高与肩平；随即左拳以腕关节为轴速向内、向下、向前转到右拳外面，体重大部移于左腿，膝部弯曲，右脚脚跟离地，脚掌用力蹬地；眼看前方（图3-44、3-45）。

图 3-45

图 3-46

（3）右脚尽力前纵一步，屈膝半蹲，左脚随之提收跟进，靠在右腿踝关节处，脚尖上翘，两腿靠紧；同时两臂由上向左右分开，两拳高与肩平，拳眼向上，两肘微屈，眼平看前方（图3-46）。

要点：

（1）左拳钻出与左脚迈步要一致。

（2）转动时不要过于俯身，要以腰为轴，左右转动，速度要快，视线要随着身体的方向转动；右拳与左拳接触后，速将左拳由内向下转到右拳外面，腰要塌，肩要沉，右脚掌要尽力蹬地。纵步要快、要远，身体要稳定，两臂要平衡，头要顶，腰要塌。

18. 右崩拳

上式略停，左脚向前进一步，右脚随之跟进半步，体重偏于右腿；同时右臂屈肘，右拳经过腰部右侧直向前打出，高与胸齐，拳眼向上，左拳撤至腰部左侧，拳心向上；眼看右拳（图3-47）。

19. 顺步炮拳（鹞子入林）

左脚继续前进一步，右脚向前跟进半步；同时左拳由腰部直向前打出，右拳经胸前向上架起，停于头部右上方，同动作4鹞子入林式（图3-48）。

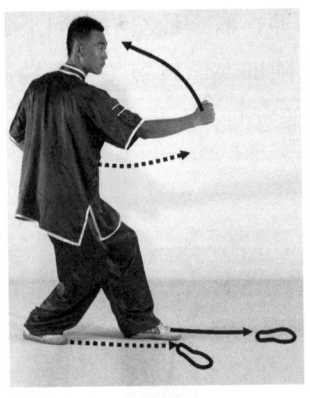

图 3-47

图 3-48

20. 左退步捯掌（虎洗脸）

同 6 动作（图 3-49）。

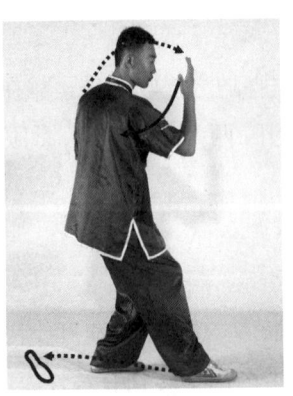

图 3-49

图 3-50

21. 右退步捯掌（虎洗脸）

同 6 动作（图 3-50）。

22. 进步右崩拳（金鸡食米）

（1）完全与前乌龙取水动作同（图 3-51）。

（2）右拳由左前臂下面伸出，然后向上、向右翻转划弧，左臂随之屈肘，左拳经胸部向下落；同时身体速向右后转，左脚也随转体动作收到右腿内侧（不落地），上式不停，身体再向左转，左脚向前迈进一步，右脚也跟进半步，同时右拳经腰部右侧向前打出，高与腰平，左拳变掌，由腰部左侧向外、向前旋转划弧，捆在右腕上，两腿略向下蹲；眼看右拳（图3-52）。

要点：身体向右后转和左脚收回要同时，右拳向上、向右划弧要和转身一致；右拳打出与左脚进步落地要整齐一致，速度要快，腰要塌，头要顶，右臂肘部微屈，不可伸直。

图3-51　　　　　　　　　　图3-52

23. 撤步左劈掌

（1）右脚向后撤半步；同时左掌前伸，右拳变掌，两掌由体前再变拳收回腰部两旁，拳心均向上，左脚也随之撤到右腿内侧，靠在踝关节处，脚尖上翘；眼看左前方（图3-53、3-54）。

（2）右脚不动，左脚向前迈出，成三体式步；同时两拳变掌经胸部向前劈下，左掌高与胸平，右掌落于腹前，掌心均向下；眼看左掌（图3-55）。

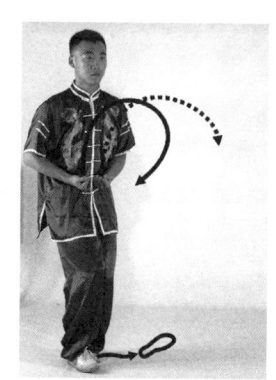

图3-53　　　　　图3-54　　　　　图3-55

要点：两掌向下劈时，须先将两拳向上钻，到口前再变掌向前、向下劈，左脚落地要和两掌下劈整齐一致。

24. 进步左推掌（推窗望月）

左掌下落变拳收回腹前，拳心向上，右掌变拳翻转向上，两拳靠在腹部两旁；同时左脚也收回右脚内侧，脚不落地（图3-56）；上式不停，左掌迅即向左、向外横掌推出，拇指朝下，掌心向外，高与肩平，同时右脚蹬地，左脚向左横进半步，右脚随之稍跟进，左脚尖微向外撤，成半马步，身体略向下蹲，眼看左掌（图3-57）。

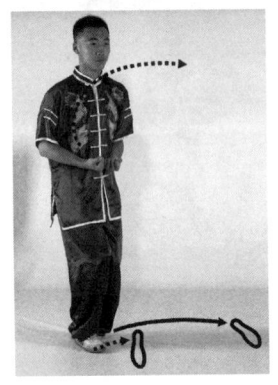
图 3-56

图 3-57

要点：左脚横进和右脚跟进都要贴近地面，不要抬脚过高，周身用劲要完整，不可松懈，两肩要平。

25. 马步双撑掌（三盘落地）

图 3-58

图 3-59

上式略停，左掌速向里翻转，由胸前下落，与右拳在腹前交叉（右拳此时变掌），两掌再向左右撑开，掌心均向下，在两掌分开的同时，右脚蹬地，左脚再向左横进半步，右脚随之跟进，身体半蹲，体重偏于右腿，左脚尖微向外撇成半马步，眼看左掌（图3-58）。

要点：两臂要向左右撑圆，腰要塌，胯要缩，两肩要沉，两掌分开与两脚向左移动，要完整一致。

26. 坐盘下插拳（懒龙卧道）

右脚向左脚前面横进一步（盖步），成半蹲坐盘姿势，同时两掌变拳，右拳经腹前由左前臂上面向左下插，拳心向上，左拳拳心向下，两臂与腹部靠紧；眼看前下方（图3-59）。

要点：右拳向左下方插时，要贴近身体，左膝要抵住右膝窝，身体不要过于前俯，肩要沉，腰要塌。

27. 进步左横拳（乌龙翻江）

左拳由下向前，向上翻转横拨，拳心向上，肘部微屈，同时左脚向前进一步，屈膝略蹲，右拳撤至腰部右侧，拳心向下；眼看左拳（图3-60）。

要点：左拳要尽力向左翻转，肘部不要伸直，腰要塌，头要顶。

图 3-60

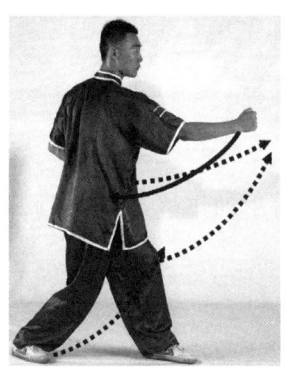
图 3-61

图 3-62

28. 原地右崩拳

上式不停，两脚位置不动，右拳由腰部直向前打出，拳眼向上，左拳撤回腰部左侧，拳心向上，体重略向前移；眼看右拳（图3-61）。

29. 左冲右蹬（龙虎相交）

左腿站稳，右脚由地面屈膝提起，再向前蹬出，脚尖上翘，脚跟用力，同时左拳直向前打出，拳眼向上，右拳撤回腰部右侧，拳心向上，眼看前方（图3-62）。

要点：打左拳，蹬右脚，速度要快；左腿微屈，右腿蹬直，身体要平衡稳定，右脚要勾脚尖，脚跟用力向前蹬出。

30. 顺步右崩拳

右脚向前下落，屈膝略蹲，左脚随之向前跟进半步，屈膝半蹲，体重偏于左腿，同时右拳由腰部直向前打出，拳眼向上，高与胸齐，左拳撤至腰部左侧，拳心向上，眼看右拳（图3-63）。

图3-63

要点：右脚落地要和右拳图打出动作整齐一致，腰要塌，头要顶，落地时脚跟不可过于用力震地。

31. 退步抱拳（白鹤亮翅）

同11动作（图3-64、3-65、3-66）。

32. 进步炮拳

同12动作（图3-67）。

33. 顺步炮拳（鹞子入林）

同13动作（图3-68、3-69）。

34. 左退步捋掌（虎洗脸）

同 5 动作（图 3-70）。

图 3-64

图 3-65

图 3-66

图 3-67

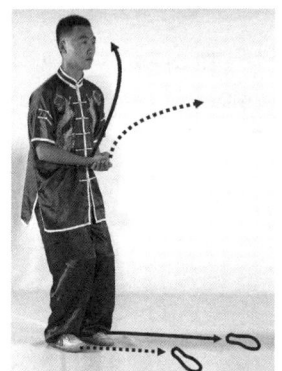
图 3-68

图 3-69

图 3-70

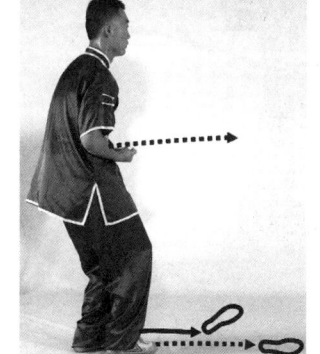
图 3-71

35. 右退步捋掌（虎洗脸）

同6动作（图3-71）。

36. 左压右架拳（乌龙取水）

同7动作（图3-72、3-73）。

图3-72　　　　　　图3-73　　　　　　图3-74

37. 退步下砸拳（单展翅）

同8动作（图3-74）。

38. 左崩拳

同9动作（图3-75）。

图3-75　　　　　　图3-76

39. 右顺步崩拳

同 10 动作（图 3-76）。

40. 转身双摆掌（风摆荷叶）

身体左转，左脚略向后移，两拳下落向左、向上划弧变掌，再向右后方推出，身体也随着向右后方扭转，右掌高与肩平，左掌在右肩旁，掌心均向右方，右脚在两掌后推时向左脚前方横进一步（盖步），成绞剪步（叉步）；眼看右掌（图 3-77）。

要点：两臂转动要划一立圆，推出时腰部要尽力向右后扭转，右脚向左脚前方盖步，务要与两掌右摆后推整齐一致。

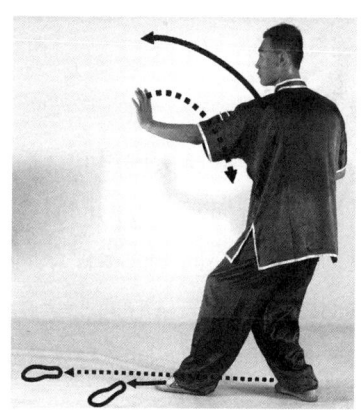

图 3-77　　　　　　图 3-78

41. 进步左劈掌

身体向左转，右脚向前垫步，右掌变拳，屈肘由腰侧向前、向上伸出，拳心向上；左掌变拳撤至腰部左侧，拳心向上，不停；左脚速尽力向前迈一步，右脚随之跟进半步，屈膝半蹲，重心偏于右腿；同时左拳顺着右前臂向上、向前，至两拳接近时，两拳同时变掌向下劈出，左掌高与胸齐，右掌撤至腹前，掌心均向前下方；眼看左掌（图 3-78）。

要点：同劈拳。

42. 进步右钻拳（鹞子钻天）

两掌变拳，右拳经胸前由左拳背上面向上伸出，高与眉齐，拳心斜向上，左拳停在右臂肘部下方，拳心向下；同时左脚向前垫半步，脚尖向外撇，然后右脚前进一步，膝部微屈；眼看右拳（图 3-79）。

要点：两掌变拳与左脚垫步要一致；右拳向上伸要和右脚进步整齐一致。

图 3-79　　　　　　图 3-80　　　　　　图 3-81

43. 鹞子翻身

身体向左后转，右脚尖向里扣；后时右臂屈肘随身体向左转，左拳在右肘下面随之转动，在身体转向左后方的同时，左拳伸至左肩前，右拳下落至左肘下方，左拳拳心向里，右拳拳心向下，不停，两臂再由面向右后转，右拳转到右后方时，屈肘将右拳收回腰部右侧，拳心向上，左拳由右肩前向下落，经腹前翻转向身体左侧伸出，拳心向上，高与腰平；同时身体速向左转，左脚扭直，如三体式步；眼看左拳（图 3-80、3-81）。

要点：身体转向左后，再转向右后，复转向左后，动作要连贯不停；眼神须随身体转动注视前手，周身动作保持完整；最后左转身时，转头、塌腰，身体略向下蹲。

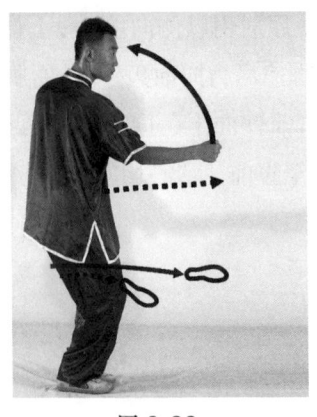 

图 3-82　　　　　　　图 3-83

44. 提步右崩拳（鹞子束身）

同 3 动作（图 3-82）。

45. 顺步炮拳（鹞子入林）

同 4 动作（图 3-83）。

46. 收式

由鹞子入林式，两拳由胸前下落，按于腹前，拳心均向下，身法、步法不动，腰部向下沉劲，略停；再将左脚收回靠拢右脚，两臂垂于身体两侧；成立正姿势（图 3-84、3-85）。

图 3-84　　　　图 3-85

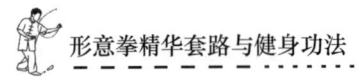

第三节 形意连拳(综合形意拳)

这是个新编套路,综合了五行拳、十二形拳的基本练法,适当地吸收了五行连环、十二洪捶、杂式捶等形意拳传统套路的结构和动作,并掺入了一些新动作汇编而成,主要目的是为经常坚持形意拳锻炼的人提供一个参考套路。

拳套的编排是在下列原则指导下进行的:

1. 适当加大运动量,提高动作难度,以满足爱好者的提高要求。

2. 适当增加一些旋转、跳跃、起伏和急进速退等动作,以保证锻炼的全面性,提高练习兴趣。

3. 保持形意拳的特点,发挥形意拳刚柔兼蓄、动静分明、扎实完整的独特风格,充分利用传统套路中的成熟动作和习惯动作,使学者便于接受。

4. 保持形意拳套路可长可短、可分可合的优点。全部套路共七十七个动作,往返六路(参见动作结构图),内容丰富,比传统套路"杂式捶"还多三十几个动作。为了练习方便,可以把它分成三个短趟子:以一、二路为主组成一趟;第二、三路为一趟,第三、四、五、六路联合成一趟。其中每一趟都可以单独练习,以适应初学或巩固强化的需要。现将三个短趟子的具体结构及练法介绍如下:

第一趟:由1预备式开始,打到(四五)左转身蛇形式为止,然后左拳收回(拳心先转向上,再屈肘翻转向下),落于腹前,两拳拳面相对,拳心向下,微微一沉;再回收左脚,身体起立收式。全趟共四十六个动作,主要是形意拳的基本动作和手法、步法。包括拳法24、掌法20、肘法1、前纵跳1、高纵跳1、原地跳2、旋转2以及仆步、马步、坐盘、高提膝、磨胫步、三体式步等内容。

第二趟：身体半侧站立，从原地左崩拳一开始（参照前杂式捶起式，图 3-21、3-22、3-23 及说明），然后两拳变掌，右掌经左前臂下面向前、向上穿出，成（二十一）进步提膝上穿拳（燕子入云）动作，以后连续打下去，一直到（六十六）进步左劈掌动作为止。再把左掌收回，身体起立收式。全趟共四十九个动作，难度比第一趟大一些，特别是对身体的协调性要求较高。

第三趟：起式基本与前面"原地左崩拳"相同，唯左拳出拳略低，成蛇形式，然后接（四十六）提步右崩拳（鹞子束身），一直打到（七十七）收式还原为止。全趟共三十四个动作，数量虽然不多，但是灵活性较强，需要有扎实的基本动作基础。

总之，这个拳套可以连起来完整练，也可以拆开来分段打，这样就保留了练习灵活的特点。每路都可以反复练习，只要按原动作结构打下去，往返几次都可以，不受数量限制。

一、形意连拳动作名称

第一路

1. 预备式

2. 起式（三体式）

3. 提步右崩拳（鹞子束身）

4. 顺步左炮拳（鹞子入林）

5. 右转身左钻拳（鹞子钻天）

6. 转身双分拳（鹞子回身）

7. 左崩拳

8. 右崩拳

9. 左崩拳

10. 掩肘跳步炮拳（马步缠肘入林）

11. 进步虎形

12. 进步左骀形

13. 换步右马形

14. 进步左马形

15. 进步右鼍形

16. 退步左鼍形

17. 退步右鼍形

18. 进步左撑掌

19. 提膝右钻拳

第二路

20. 转身左钻拳（鹞子翻身）

21. 进步提膝上穿掌（燕子入云）

22. 跃步双分掌（燕子戏水）

23. 右插掌（燕子衔泥）

24. 回身顶肘（白虎抖威）

25. 并步穿掌（燕子入林）

26. 回身撩掌（黑虎摇尾）

27. 缩身换步托掌（虎托）

28. 捋手崩拳

29. 退步横拳

30. 顺步右崩拳（黑龙出洞）

31. 退步抱拳（白鹤亮翅）

32. 进步炮拳

33. 退步捋手

34. 进步包裹式

35. 进步左龙形

36. 跳步右龙形

37. 进步熊形（鹞子翻身）

38. 进步鹰形

39. 撤步鸡形（金鸡独立）

40. 纵步鸡形（金鸡独立）

41. 进步右崩拳衔泥）（金鸡食米）

第三路

42. 转身左撑掌（金鸡抖翎）

43. 独立下插掌（金鸡上架）

44. 进步右挑掌（金鸡报晓）

45. 左转身蛇形

46. 提步右崩拳（鹞子束身）

47. 顺步炮拳（鹞子入林）

48. 左退步捋掌（虎洗脸）

49. 右退步捋掌（虎洗脸）

50. 左压右架拳（乌龙取水）

51. 转身纵步双分拳（燕子抄水）

52. 右崩拳

53. 顺步炮拳（鹞子入林）

54. 左退步捋掌（虎洗脸）

55. 右退步捋掌（虎洗脸）

56. 转身右崩拳（金鸡食米）

57. 撤步左劈掌

58. 进步左推掌（推窗望月）

59. 马步双撑掌（三盘落地）

60. 坐盘下插拳（懒龙卧道）

61. 进步左横拳（乌龙翻江）

62. 原地右崩拳

63. 左冲右蹬（龙虎相交）

64. 顺步右崩拳

第四路

65. 转身双摆掌（风摆荷叶）

66. 进步左劈掌

67. 纵步前穿掌（金鸡独立）

68. 猿猴叨绳右式

69. 猿猴爬竿右式

第五路

70. 转身猿猴挂印

71. 猿猴叨绳左式

72. 猿猴爬竿左式

第六路

73. 转身右穿掌

74. 转身仆步盖掌

75. 进步右穿掌

76. 回身三体式

77. 收式

二、形意连拳动作说明

第一路

1. 预备式

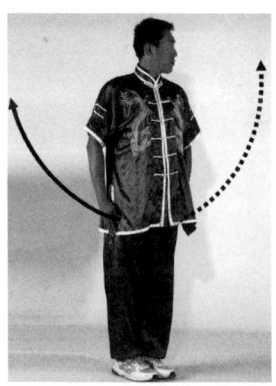 

图 3-86-1　　　　图 3-86-2

身体半侧站立，两脚跟靠拢，左脚顺直，右脚斜成45°，两臂垂于身体两侧；眼向前平看（图3-86正反面图）。

要点：身体自然正直，沉肩、含胸、悬头竖颈，下颏内收，精神贯注，呼吸自然。

2. 起式（三体式）

（1）两手向外翻转，两臂外旋由两侧向上托起，肘部微屈，当前臂举至高于肩部时，随即屈肘收掌，前臂内旋，使手心由上转向下，经面部两侧握拳下落（随落随变拳），停于小腹两侧，两拳面相对，在两手下落的同时，两腿屈膝半蹲；眼仍平看前方（图3-87、3-88）。

图3-87　　　　　　图3-88

（2）右前臂外旋，右拳经胸前及下颏处向前上方钻出，高与鼻尖齐平，拳心斜向上，前臂向外拧劲，小指向上翻转，肘尖下垂，左拳在原位置也随之翻转，拳心向上，同时右脚向前进一步，脚尖外撇，膝微屈，左脚跟微离地面，脚掌着地，重心在两腿之间；眼看右拳（图3-89）。

（3）右脚不动，左脚前进一步，膝微屈，脚趾扣地，同时左拳上钻经胸前及下颏处顺着右前臂前伸，至两拳接近时，两拳变掌，左掌向前向下劈出，高与胸齐，右掌撤至腹前，掌心均向前下方（即三体式姿势）；眼看左掌食指尖（图3-90）。

要点：

（1）两掌向上托起时，不要引肩上耸，臂不要挺直；屈肘下落，待两掌落到胸前时，再开始握拳，落到腹前之后，两肘要抱肋，头要顶，气要沉。

（2）右脚向前垫步时，外撇的度数不可太大或太小（约45°－60°），以免三体式站立不稳。

（3）左掌向前劈出的要点参阅前三体式各要点。

图 3-89　　　　　　　　　　图 3-90

3. 提步右崩拳（鹞子束身）

两掌变拳，左拳眼向上，右拳心向上，左脚向前垫半步，脚尖外撇，右脚用力前进一大步，左脚在右脚将落未落时，迅速提起，跟到右脚内侧，紧靠在右腿踝关节处，脚尖上翘，成右独立步（提步、鸡形步）；同时右拳由腰侧直向前旋转打出，拳眼向上，高与胸齐，左拳撤至左腰侧，拳心向上，眼看右拳（图 3-91、3-92）。

 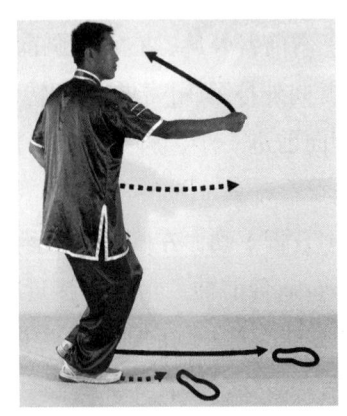

图 3-91　　　　　　　　　　图 3-92

要点：左脚垫步以后不停，迅速用力蹬地，右脚前进一大步，进右步时抬脚不要过高，速度要快，身体要平稳，右脚落地要和右拳打出整齐一致；定式以后，右臂不要伸直，肩要沉，肘要坠，头要顶，腰要塌住，不可前俯后仰或左歪右斜。

4. 顺步左炮拳（鹞子入林）

左脚向前进一步，右脚随之跟进半步，体重大部落在右腿；同时，左拳直向前打出，高与胸齐，拳眼向上，肘部微屈，右臂屈肘翻转向上架，右拳置于右额角前，拳眼向下，眼看左拳（图3-93）。

图 3-93

要点：左拳打出，右臂上架，与左脚进步要整齐一致，两腿膝部要微向里扣，腰要塌，肩要沉。

5. 右转身左钻拳（鹞子钻天）

（1）左脚内扣，右脚外展，身体向右后转，随之右脚略向前垫步，脚尖外撇；同时右前臂外旋下落，右拳成仰拳经胸部向后撤，随转体再向右、向外、向前划弧，停于体前，高与肩平，前臂内旋，拳心由上转向下，右臂微屈，腕部向下扣劲；左拳随之收到左腰侧，拳心向上；眼看右拳（图3-94）。

（2）上式不停，左脚前进一步，右脚随之跟至左脚后；同时左拳顺着右前臂向前上方钻出，高与鼻尖平，拳心斜向上，小指向上翻转，肘尖下垂，左臂稍屈；右拳停在左肘内侧下方，拳心仍向下；身体在左拳上钻时，随之站起，两腿自然并步侧立；眼看左拳（图3-95）。

要点：

（1）右拳下落向后撤时，前臂要贴近身体向后抽劲（贴近胸、肋部），不可离身体太远；右拳划弧向下扣时，和右脚的垫步整齐一致；转身要快，用劲要完整。

（2）左拳向上钻和左脚向前上步要协调一致，左臂不可伸直；肩要沉，头要顶。

（3）以上两动作要连贯起来做，中间不要停顿，转体约180°；身体和两臂用劲完整一致。

图 3-94

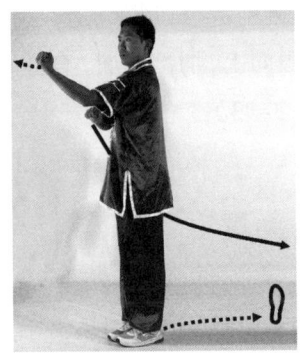
图 3-95

6. 转身双分拳（鹞子回身）

身体向右转，左脚尖稍里扣，左腿屈膝下蹲，右腿伸直向右侧方铺平，两脚全脚掌着地成仆步；同时右拳经腰部顺右大腿向右侧伸出，拳眼转向下，左臂也随之内旋，向左方伸直，和右拳对称成一条斜线，拳眼也向下；眼看右拳（图3-96）。

要点：仆腿动作和右拳右伸动作一致，两拳分开向外伸时，均向内拧劲，不可松懈，上身略向前俯，仍保持顶头、塌腰，不可驼背、耸肩。

图 3-96

图 3-97

图 3-98

7. 左崩拳

由仆腿动作，重心前移，右脚扭直，身体再向右转，随之左脚向前迈进一步，右脚立即跟进半步，落于左脚后约20厘米处，体重大部坐于右腿，同时，两臂外旋，左拳经腰部成立拳（拳眼向上）直向前打出，高与胸口平，右拳变仰拳（拳心向上）收回右腰旁，眼看左拳（图3-97、3-98）。

8. 右崩拳

左脚继续向前迈进一步，右脚再跟半步，同时右拳由腰部变立拳向前打出，左拳成仰拳收回左腰旁，眼看右拳（图3-99）。

9. 左崩拳

左脚再继续迈进一步，右脚再跟进半步，同时左拳由腰部成立拳向前打出，右拳成仰拳收回右腰旁，眼看左拳（图3-100）。

要点：以上7、8、9三个崩拳向前打出时，要连贯不停，要点也与前面崩拳相同，过去称此式为"一马三箭"又称"连步三拳"。动作中，身体要稳，用劲要上下一致，不可松懈，跟步以后重心偏于后腿。

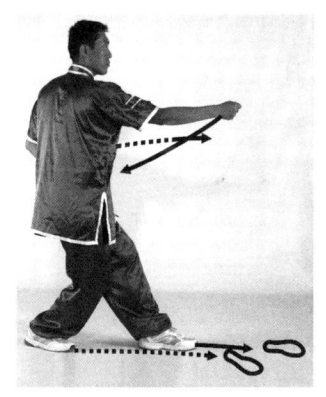
图3-99

图3-100

10. 掩肘跳步炮拳（马步缠肘入林）

身体右转，左臂外旋屈肘向里裹劲，使拳心向里，然后两脚蹬地跳起，腰部猛然向左后拧转，两腿在空中迅速交换位置，使身体在空中扭转180°，落地后成马步；同时右拳由腰部直向右侧方打出，左拳撤至头部左上方（拳心向外）；眼看右拳（图3-101、3-102、3-103）。

要点：身体跳起后，要在原地旋转，转动时，上体保持正直，身上用劲完整一致，不可因跳跃使两臂和身上松懈；落地时，两脚同时踏实，背向原来方向。

 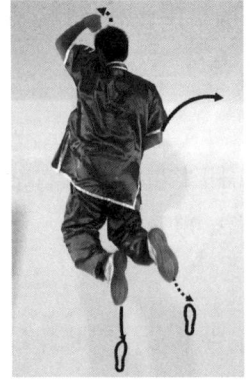 

图 3-101　　　　　　图 3-102　　　　　　图 3-103

11. 进步虎形

（1）身体微向右转，左脚向左后方稍撤，右脚随即提起，收至左腿内侧踝关节处，脚尖上翘；同时两拳变掌，左掌由上向前、向下落于右腕部，使两掌心相对，然后两掌同时向后捋至腰部两侧变成仰拳；眼看右前方（图3-104、3-105）。

（2）右脚向右前方斜进一步，左脚随之跟进半步，两脚跟前后相对，距离20~40厘米，体重偏于左腿成右虚步；同时两拳拳心向内，顺着胸前向上钻伸，伸到下颌处猛然向外翻转变掌向前按出，掌心向前，高与胸齐，两掌虎口相对，两臂微屈成弧形，眼看右掌（图3-106）。

要点：左脚后撤和左掌向前下落要一致；右脚提收和两掌后捋要一致，两掌向前按（扑出）和右脚前进一致。

图 3-104　　　　　　图 3-105　　　　　　图 3-106

12. 进步左骀形

（1）右脚向前垫半步，左脚随之跟到右腿内侧踝关节处，两腿靠紧，左脚尖上翘，两腿屈膝半蹲，成右独立步；同时两掌向两侧划弧变拳撤至腰部两侧，拳心转向上，两前臂与腰靠紧；眼看左前方（图 3-107）。

（2）左脚向左前方进一步，右脚随之向前跟进半步，重心偏于右腿成左虚步；同时两拳由腰部直向前冲出，拳心向上，两臂微屈，两拳之间距离 10~20 厘米；眼看两拳（图 3-108）。

要点：收拳时，要和左脚提收动作协调一致，冲拳时，要和左脚进步一致，同时两肘要挤住肋部向前冲出。

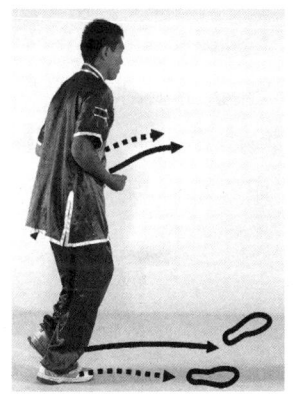

图 3-107　　　　　　　　图 3-108

13. 换步右马形

（1）左脚向后撤一步，右脚在左脚将要落地时迅速提起，撤到左腿内侧踝关节处，脚尖上翘，两腿靠紧成左独立步；同时两拳变掌向内翻转再扣握成俯拳，收到小腹两侧，前臂靠紧腹部；眼看前方（图 3-109）。

（2）右脚前进一步，左脚随之跟进半步，重心偏于左腿，同时两拳向前冲出，右拳在前，左拳在右前臂内侧，两臂均自然弯曲，拳心均向下，右拳高与肩平；眼看右拳（图 3-110）。

要点：左脚后撤和两拳收回动作一致，身体保持稳定，头要顶，气要沉。两拳前冲和前脚落地要整齐一致；手臂不可僵直。

图 3-109　　　　　　　图 3-110

14. 进步左马形

右脚向前垫步，然后左脚前进一步，右脚随之跟进半步，同时右拳翻转拳心向上，左拳顺着右拳背下面向前冲出，高与肩平，右拳在左拳接近时向内翻转，使拳心再转向下，并撤到左前臂内侧，两臂均自然弯曲；眼看左拳（图 3-111、3-112）。

图 3-111　　　　　　　图 3-112

要点：左拳由右前臂下前冲时，右拳尽力翻转扣劲并向后拉劲，以增加前拳的力量；右脚跟步时，不要离左脚太近，腰要塌，头要顶，肩要沉，两膝要向里扣。

15. 进步右鼍形

（1）左脚向左后方撤一步，同时右拳经左前臂上面翻转变掌（掌心先向上再转向下）向右前方伸出，左拳也随之变掌，掌心翻转向上；眼神随右掌转移，上式不停，两掌迅速收到腹部两侧，变做八字掌（拇指、食指伸直成八字，其余三指卷曲），掌心向上，同时右脚提收到左腿踝关节处，眼神随着身体转动平视（图3-113、3-114）。

（2）右脚再向右前方迈一步，左脚随之跟进到右脚内侧，脚尖着地成左丁虚步，同时右八字掌经胸前、口前内旋裹劲变成俯掌，向右横着撑出去，高与口平，臂成弧形，左掌仍成八字掌停在腹前，掌心向上，眼看右掌（图3-115）。

要点：左脚后撤和两拳变掌要一致，右脚收回和两掌收回要一致，右掌向右撑出和右脚向前进步要一致；以上三个动作之间不要停顿，身体要先向右转，而后向左，然后再转向右，腰部与掌的运行要协调，不可散乱，以体现身法旋转的灵活性、完整性。

图3-113

图3-114

图3-115

16. 退步左罩形

上式微停，左脚速向左后方撤一步，身体左转，右脚随之撤至左脚内侧，脚尖着地成右丁虚步；同时左八字掌经胸前、口前向内翻转裹劲变成俯掌，向左横着撑出去，高与口平，臂成弧形，右八字掌随之翻转下落停在腹前，掌心向上，眼看左掌（图3-116）。

要点：与右罩形相同，唯左右相反。

17. 退步右罩形

动作和要点同退步左式，唯左右相反（图3-117）。

18. 进步左撑掌

身体左转，左掌经胸前向左撑出，掌外缘（小指一侧）着力，掌心斜向下方，右掌随之收到小腹右侧，掌心转向上，同时左脚向前方迈出，右脚跟进半步，体重大部落在右腿，眼看左掌（图3-118）。

要点：左掌和左脚要完整一致，头要顶，腰要塌，两掌在运动中仍成八字掌。

图3-116　　　　　图3-117　　　　　　图3-118

19. 提膝右钻拳

左脚向前垫步，然后右脚再向前迈一步，左腿随之提起，左脚里合，脚尖向下，右腿微屈，成提膝独立式（高提步），同时两掌变拳，右拳由左前臂上面向上、向前钻出，拳心斜向上，高与眼平，左拳停于右肘下方，拳心向下，眼看右拳（图3-119、3-120）。

图3-119　　　　　　　图3-120

要点：右脚前进和右拳上钻要一致，右拳上钻和左拳下压，用劲要完整；身体不可过于前俯或右倾，头要顶，腰要塌。

第二路

20. 转身左钻拳（鹞子翻身）

（1）左脚向身后落下，身体向左后转，右脚随之后蹬，成左弓步，同时左拳经右前臂里侧向上钻，右拳落于左肘下方；眼看左拳（图3-121）。

（2）上式不停，身体速向右转，成右弓步；同时右拳由左前臂外侧向上翻转外撑，停于头前上方，拳心向外，左拳随之经面前向下，顺大腿外侧向左伸出，拳心向后（图3-122）。

（3）上式不停，身体再向左转，体重偏于右腿成左虚步；同时右拳下落收到右腰旁，拳心转向上，左拳外旋前伸停于体前，高与胸平，拳眼向上，眼看左拳（图3-123）。

要点：以上三个动作要连贯不停、衔接自然，身体的转动和两臂的翻转变化要完整一致，两脚随着身体的转动里掤或外摆，但重心务要稳定。

 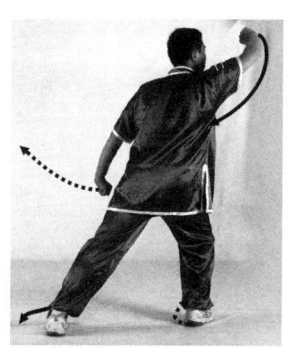 

图3-121　　　　　图3-122　　　　　图3-123

21. 进步提膝上穿掌（燕子入云）

图3-124

右脚前进一步，左膝提起，右腿蹬直，成提膝独立姿势；同时两拳变掌，右掌由左前臂外侧向上穿出，举过头顶，指尖向上，掌心向内，肘关节略屈，小指外侧尽力向里裹劲，左臂弯曲，左掌贴附于右臂肘弯处，掌心向内，眼看前方（图3-124）。

要点：右掌向上穿和左膝提起动作一致，两臂外旋拧劲，不可松懈，肩要沉、头要顶。

22. 跃步双分掌（燕子戏水）

上式微停，左脚向前落步，脚掌蹬地将身体弹起，两腿先后折屈腾空，向前纵跳，落地时，右腿屈膝全蹲，左腿向左侧铲出铺直，脚尖里扣，两脚全掌着地，身体略向前俯，成左仆步，同时两掌下落，顺着腰部两侧分开，向斜下方伸直，前臂内旋，两掌翻转，掌心均向后上方成反掌；眼看左方（图3-125、3-126、3-127）。

要点：左脚垫步要快，蹬地要有力，跃步要高要远；落地要轻要稳，全身用劲要完整，不可因跳跃使身体松懈。

图3-125　　　　图3-126　　　　　　　图3-127

23. 右插掌（燕子衔泥）

重心升高前移，左脚扭直，右脚跟进到左脚跟后方，两腿屈膝半蹲，体重大部落于右腿，同时右掌翻转，向前下方插出，掌心斜向上，左掌翻转屈收，附在右前臂之上，掌心向下，眼看右掌（图3-128）。

要点：插掌跟步要一致，右掌高不过腰，小指向上拧劲。

24. 回身顶肘（白虎抖威）

左脚跟外展，身体右后转，右脚向前迈出，体重前四后六，成半马步，同时两掌上下翻转交换，右掌变拳，屈肘用肘尖向前顶出，右拳停在右腰前，拳心向下，左臂也屈肘外撑，左掌掌心向上，停在左胸前；眼看右肘尖（图3-129）。

要点：含胸、沉肩、顶头，转身落步和顶肘、撑肘用劲要一致，力量浑厚、扎实。胸部不可外挺。

图 3-128

图 3-129

25. 并步穿掌（燕子入林）

右脚向前垫步，脚尖外展，右拳变掌向下、向前反撩，左脚随即前进一步，右脚也随即迅速并步跟上，身体右转，并步直立，侧对前方，同时左掌顺右前臂下方向斜上穿出，掌心斜向上，高与头平，右掌附在左肘弯处，掌心向下，眼看左掌（图3-130）。

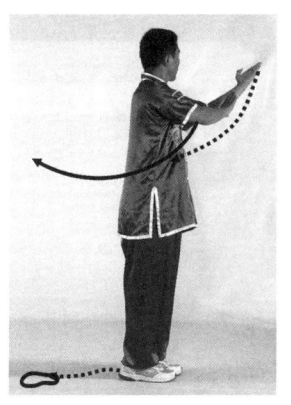
图 3-130

图 3-131

要点：穿掌并步动作一致，并步时身体不要松懈，穿掌后松肩坠肘。

26. 回身撩掌（黑虎摇尾）

左脚里扣，身体右转，右脚向前迈出，体重偏于左腿，成半马步；同时左掌卷收，停在腰间，掌心向上；右掌向下、向右、向前反掌撩出，手指向前，拇指向下，高与腹平；眼看右掌小指侧（图3-131）。

要点：含胸、塌腰；撩掌和出步同时进行。

27. 缩身换步托掌（虎托）

（1）左掌向右前伸，经右前臂下穿出向左平摆划弧，右掌随之翻转向上，待两臂平行后，同时屈肘后收，两掌停于腰部两侧，手指斜向下；右脚在收掌同时向后方撤一步，在左脚侧后方落地；当右脚将落未落时，左脚迅速蹬地提起，收于右腿内侧踝关节处，成右独立步（图3-132）。

（2）上动微停，左脚向左前方进一步，脚随之跟进半步，体重仍偏于右腿，成左虚步；同时两掌向前托出，两臂半屈，掌心斜向上，停于腹前（图3-133）。

要点：撤步和收掌一致；进步和托掌一致，两掌在后收前托中，上臂要和肋部靠紧，不可松懈。

图3-132　　　　图3-133

28. 捋手崩拳

接上一动作，左脚迈进一步，右脚跟进半步，左掌微前伸，再翻手捋扣握拳，拳心向下。拳眼向内，右手稍屈收，握成立拳自腰间从左手腕上向前打出，做进步崩拳；随之左臂弯曲，左拳微收，停于右前臂下（图3-134、3-135）。

要点：捋手时前臂要旋转内裹，腰部不可松懈。崩拳要领同前，与前式（虎托）

方向一致。

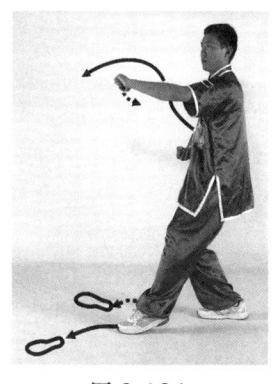
图 3-134

图 3-135

29. 退步横拳

右脚向后撤半步。左脚再撤至右脚后方，两腿交叉，右脚横，左脚顺，左脚跟微离地面，成半蹲坐盘式；同时左臂外旋，左拳向外拧劲从右前臂下向左前方弧形冲出去，拳心转向上，高与口齐，右拳翻转后撤，停于腹前，拳心向下；眼视左拳（图3-136）。

要点：左脚撤步和左手横拳要完整一致，横拳时，既要有前冲力量，也要含有向左方的横劲，坐盘后左腿膝部抵紧右膝弯。

图 3-136

图 3-137

30. 顺步右崩拳（黑虎出洞）

右脚进步，左脚随之跟进半步，同时右拳自腰间向前冲出，拳眼向上，高与胸平；左拳屈收，撤至腰部左侧，成顺步崩拳式（图3-137）。

要点：右脚前进与右拳打出务要整齐一致，两肩下沉，头要顶，腰要塌，左前臂与肋部靠紧。

31. 退步抱拳（白鹤亮翅）

（1）左脚向左后方撤半步，成右弓步姿势；同时右臂屈肘，右拳贴近腹部由上向左斜下插，拳心向上，置于左拳上方，同时左拳翻转，拳心向下，两拳腕部交叉贴紧，眼看右拳（图3-138）。

（2）身体略向右转，两臂同时向上起，经头部前上方分开，由两侧下落划一立圆，在腹前合抱，左拳在上举时变掌，合抱后使右拳背落在左掌心内；同时右脚回撤，撤到左脚前方（图3-139、3-140）。

图 3-138　　　　　图 3-139　　　　　图 3-140

要点：

（1）右拳向下插与左脚后撤要完整一致，两臂与腹部靠紧，两肩向下沉劲。

（2）两臂分开时，腰部和眼神要随着右拳转动；合抱后眼看正前方。

（3）抱拳和撤脚动作要一致，同时手、脚发出一个声响（如身体动作完整，不发音响亦可）。定式后顶头、塌腰、沉肩、沉气，两前臂和腹部靠紧。

32. 进步炮拳

右脚向右前方迈出一步，左脚随之跟进半步，同时左掌变拳向前打出，右拳经胸前先向上钻再翻转上架，停于头部右上方成拗步炮拳（图3-141）。

要点：右脚进步与左拳打出要一致，右拳上起时要先向上钻，再向外翻转，不要横着向上架。其余要点同前炮拳要求。

图 3-141

33. 退步捋手

（1）上体左转，两前臂外旋，右拳拳心转向斜上向体前伸出，左拳收回成仰拳抱于腰部左侧（图 3-142）。

（2）右脚后撤一步，成左弓步，同时，上体再向左转，左拳经右前臂上方变掌前伸，掌心翻转向下，右拳在左拳变掌翻转时也变掌向下按；眼看左掌（图 3-143）。

（3）重心后移，左脚收回提起，靠在右腿踝关节处，同时上体右转，两掌从身体左前方下捋收回，成仰拳抱在腹前；眼向前平视（图 3-144）。

  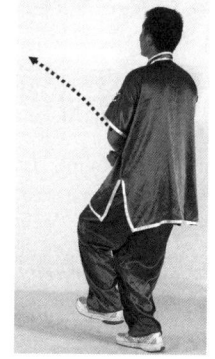

图 3-142　　　　　图 3-143　　　　　图 3-144

要点：

（1）以上三个动作必须连贯起来，中间不可停顿，同时要和上体扭转协调配合。

（2）右拳下落前伸时（图3-142），前臂要向里裹劲。左掌前伸时（图3-143），路线要略带弧形（由内向外）。

（3）捋手动作要和收脚动作一致，两手捋收以后，前臂和腹部靠紧。

34. 进步包裹式

左拳成八字掌由胸前向上钻出（图3-145），然后左脚前进一步，右脚稍跟进，双腿屈膝半蹲，重心偏于前腿，后脚脚跟离地成骑龙步，同时右拳也成八字掌顺着左前臂内侧钻出，小指向外翻拧，停于面前，高与鼻尖平，左掌下落回收，掌心向下停于腹前，眼看前手（图3-146）。

要点：出左掌时身体不动，出右掌时和进步整齐一致；进步时，左脚向左前方进步，脚尖内扣，定式后，右手小指上翻，前臂向外拧劲，肘向里裹，两膝向里扣劲，后脚掌用劲蹬地，左前臂和腹部靠紧；竖项，塌腰，沉肩，含胸，上体略向前俯。

图3-145

图3-146

35. 进步左龙形

（1）两手不动，左脚向前垫步，膝部微屈，右腿随之向上提起，脚尖向上勾住（图3-147）。

（2）然后右脚脚跟用力，向前向下横踩下落，左脚随之跟进半步，用脚前掌撑地，上体迅速右转下蹲，两腿交叉，成左脚横、右脚顺的全蹲坐盘姿势；同时左八字掌顺着右前臂上钻，至两手接近时，迅速向内翻转变掌向体前下按（距地面20~40厘米），右八字掌也随之变掌下按，并撤至右胯旁；眼看前手（图3-148）。

要点：身体下蹲和两掌下按动作必须整齐一致，并且速度要快；坐盘以后，两腿膝部夹紧，左脚跟离地，上体略向前俯，臀部后坐接近后脚跟；头要顶，腰要塌。

图 3-147

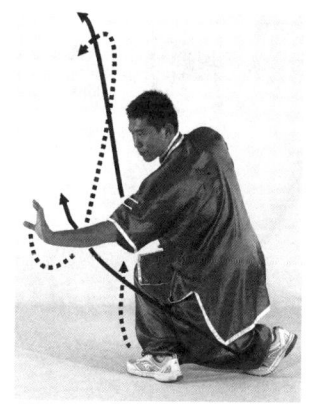
图 3-148

36. 跳步右龙形

（1）左掌握拳收回，经体前与下颏处向前钻出，右拳也随之变掌顺左前臂向上钻。

（2）身体腾到最高点，两腿迅速在空中前后交换；同时两拳变掌开始翻转下按（图3-149）。

（3）落地后，身体左转下蹲，成左脚在前的全蹲坐盘姿势，右掌向前下按（距地面20~40厘米），左掌撤至左胯旁，眼看前手（图3-150）。

图 3-149

图 3-150

要点：身体上纵时，要和右掌上钻一致，落地下蹲时要和按掌动作一致，两脚空中交换时速度要快，定式要领同前。

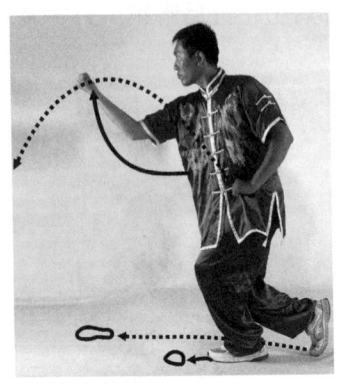 

图 3-151　　　　　　　　图 3-152

37. 进步熊形

右掌变拳，经胸部、下颏向前上钻出，高与眼平，拳心斜向上，同时左脚向左前方迈一大步，右脚稍跟进，脚跟离地，屈膝半蹲，重心偏于前腿成骑龙步；左掌也变拳，抱于腰间，拳心向下；眼看右拳（图 3-151）。

要点：左脚要向斜前方上步，脚尖略向里扣，后脚前掌着地；右手小指向上翻，右臂向外拧劲；两膝向里扣劲；腰要塌，项要竖；上体略向前俯。

38. 进步鹰形

左脚向前垫步（脚尖外展），右脚向右前方前进一步，脚尖内扣，左脚稍跟进，脚跟离地，仍成骑龙步，同时左臂外旋，左拳顺着右前臂内侧向上钻出，伸到两拳接近时，同时翻转变掌向下按，左掌落于腹前，掌心向下，右掌撤到右腰旁，掌心也朝下，眼视前掌（图 3-152）。

要点：两掌下按时，要全神贯注，如鹰捉物，并和进步一致；定式后前臂不要伸直，上体略前俯，两膝内扣，步形要领同上式熊形。

39. 撤步鸡形（金鸡独立）

（1）重心后移，右脚后撤，同时右掌由左掌下面向前穿出，左掌收至腰间（图 3-153）。

（2）当右脚将落未落时，左脚用力蹬地迅速提起，脚尖上翘，右脚落地后，左脚紧靠在右腿踝关节处成右独立步；同时左掌再从右掌下面向前穿出，高与胸齐，右掌收回停在腰部右侧；眼看前手（图 3-154）。

/ 第三章 单练套路 /

图 3-153

图 3-154

要点：撤步要快，落地要稳，左右手前伸后撤要和撤步提步整齐一致，独立后要顶头，塌腰，上体略向前俯。

42. 纵步鸡形（金鸡独立）

上肢不动，左脚先尽力前进一步（图 3-155），然后右脚继续前进一步，在右脚将落未落时，左脚迅速用力蹬地提起紧靠在右腿踝关节处，仍成右独立步（图 3-156）。

要点：前进两步要快速连贯，并且迈步要远，两腿夹紧，身体不可上下起伏或晃动；眼看前手。

图 3-155

图 3-156

图 3-157

41. 进步右崩拳（金鸡食米）

左脚前进一步，右脚随之跟进半步，体重大部落在右腿；同时右掌握成立拳由

DANLIANTAOLU | 145

左掌下方打出，左掌微后收，扣在右手腕部，眼看右拳（图3-157）。

要点：打拳、落脚要同时；松肩坠肘，两臂微屈。

第三路

42. 转身左撑掌（金鸡抖翎）

（1）右脚后撤一步，身体右转约90°，左脚随之向后滑步，两脚均打横，两腿屈膝半蹲，体重偏于右腿，同时左掌尽力向左下方撑开，停于左膝旁，掌心向下；右拳屈肘上撑，停于右额前，拳心向外；眼看左掌（图3-158）。

（2）上动略停，左脚向后蹬劲，以左脚掌、右脚跟为轴，身体再向右急转90°，成右弓步；同时左掌继续向后撑，停在左胯旁，右拳随上体转动，位置不变，眼看正前方（图3-159）。

图 3-158

图 3-159

43. 独立下插掌（金鸡上架）

左脚前进一步，屈膝半蹲，右脚随之蹬地提起，靠在左腿踝关节处，成左独立步，同时右手由拳变掌，经胸前贴近身体向左下方猛插，掌心朝后，停在左膝旁；左掌屈肘经胸前贴近身体向右上方穿出（两臂交错时左前臂在内）。掌心向内，停在右肩前，眼平视右前方（图3-160、3-161正反面图）。

44. 进步右挑掌（金鸡报晓）

右脚向前方前进一步，左脚随之跟进半步，体重坐于左腿，成三体式步，同时右掌向右上方挑起，高与眼平，指尖向上成侧立掌，左掌翻转下按，停于左胯旁，掌心向下；两臂自然弯曲眼看右手食指梢（图3-162）。

要点：以上三式参阅第二章第三节中鸡形6、7、8式要点。

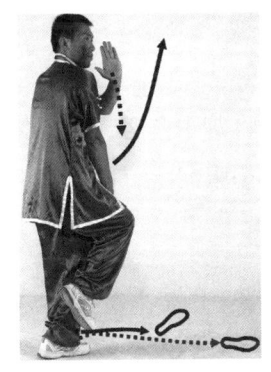  

图 3-160　　　　　图 3-161　　　　　图 3-162

45. 左转身蛇形

（1）以左脚前掌为轴，身体迅速左后转，右脚提起随身体转动，落在左脚后面，脚尖内扣，屈膝半蹲，体重随之落在右腿，左脚跟离地，同时两手交叉合抱，右手收于左肩前，掌心向下，左手收于腰右侧，掌心向上，以加速身体转动；眼看左前下方（图3-163）。

（2）上动微停，左脚向前方迈出半步，体重大部坐于后腿（成三体式步）；同时两手变拳，左拳自腰部向下再向前撩出，拳眼向上，高与腰平，右拳随之撤在右胯旁，拳眼斜向上，眼看左拳，上体略向前倾（图3-164）。

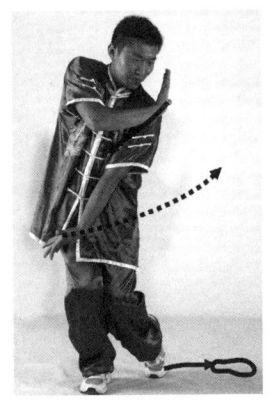 

图 3-163　　　　　　图 3-164

要点：转身时速度要快，上体尽力向后拧劲，眼向左后看，两手合抱要配合身体转动,两膝向里夹紧,身体不可摇晃,左拳前撩和左脚前迈要整齐一致;撩出后左臂不可僵直,头要顶,腰要塌,精神要贯注。

46. 提步右崩拳(鹞子束身)

左脚向前垫半步,右脚随之前进一步,左脚在右脚将落未落时,速提起跟到右踝关节处,成右独立步;同时右拳从腰侧直向前打出,拳眼向上,高与胸齐,左拳撤至左腰侧,拳心向上,眼看右拳(图3-165)。

47. 顺步炮拳(鹞子入林)

左脚向前进一步,右脚随之跟进半步,体重坐于后腿;同时左拳直向前打出,高与胸齐,拳眼向上,肘部微屈,右臂屈肘翻转上架,右拳置于右额角前,拳眼向下,眼看左拳(图3-166)。

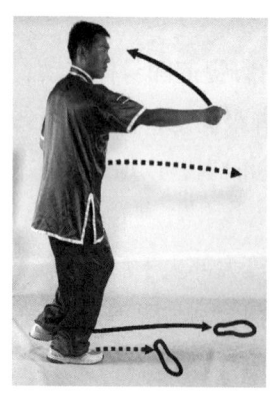
图 3-165

图 3-166

48. 左退步挒掌(虎洗脸)

右拳由上落于右腰侧(图3-167),微停,随即变掌由腰部向上向自己的面部右侧搂去,掌心向左,指尖向上,左拳也随之撤至腰部左侧,拳心向上;在搂手同时,左脚后退一步,身体速向左转,重心移至左腿,成三体式步,上体微前倾,眼看左斜下方(图3-168)。

49. 右退步挒掌(虎洗脸)

左拳变掌由腰部向上向自己面部左侧搂去,掌心向右,指尖向上,右掌也随之变拳撤至腰部右侧,拳心向上;在搂手同时,右脚后退一步,身体右转,重心移于右腿,成三体式步,上体微前倾,眼看右斜下方(图3-169)。

 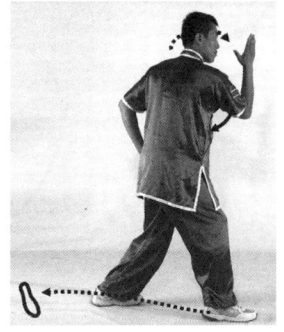 

图 3-167　　　　　图 3-168　　　　　图 3-169

50. 左压右架拳（乌龙取水）

（1）右脚蹬地，重心前移，身体速向左扭转，同时右拳变掌仍向自己面部右侧搂去，左掌变拳撤至腰部左侧（图 3-170）。

（2）上动微停，右掌由面部下搂变拳，左拳速从右拳上面向前、向上钻出，拳心斜向上，高与眼平，右拳停于左肘下面，拳心向下；眼看左拳（图 3-171）。

（3）上动不停，右拳由左前臂下面向上架起，屈肘停于头部右上方，拳眼向下，拳心向前，左拳向里翻转下压，落于腹前，拳眼向内，拳心向下，同时重心后移，左脚后撤至右脚前，左脚前掌着地，眼看前方（图 3-172）。

图 3-170　　　　　图 3-171　　　　　图 3-172

51. 转身纵步双分拳（燕子抄水）

（1）左脚再向前迈出，同时右拳下落，左拳仍由右拳的手背上面向前、向上钻出，拳心斜向上，高与眼平，右拳停于左肘下面，拳心向下；眼看左拳（图 3-173）。

图 3-173

图 3-174

（2）右拳再由左前臂下面伸出，向外、向上，再向后翻转，停于额前，拳眼向下，拳心向外，身体随之速向右后转身，左脚内扣，变成右弓步；同时左臂屈肘，左拳经胸部向下落于左胯旁；眼视前下方（图 3-174）。

（3）上动不停，身体左后转向原来方向，左脚扭直，左腿屈膝前弓，重心前移，右腿膝部弯屈，脚跟离地，脚前掌蹬地，同时，左拳向前伸，右拳从身后向下、向前再向上挑起，与左拳腕部交叉成十字，右拳在外，高与肩平，然后右拳不动，左拳腕部用力绕环，从下面转到右拳外面，成左拳在外的十字手势，两拳拳眼均保持向内（图 3-175、3-176）。

图 3-175

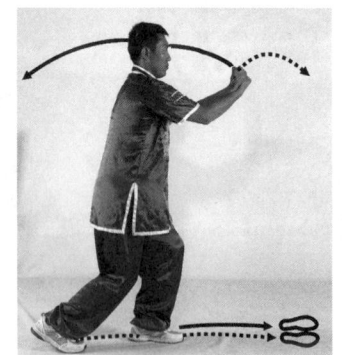
图 3-176

（4）左脚用力蹬地，右脚尽力向前纵进一步，屈膝半蹲，左脚在右腿未落地之前迅速提起，靠于右踝关节处，同时两臂上举，再向前后分开，两拳高与肩平，停于身体前后侧，两拳拳眼均向上，两肘微屈，身体侧对前进方向，眼看前方（图3-177）。

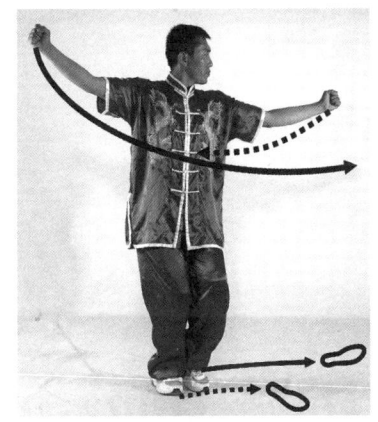

图3-177　　　　　　　　图3-178

要点：以上六式参阅第三章杂式捶3、4、5、6、7、17六式要点。

52. 右崩拳

左脚向前进一步，右脚随之跟进半步，同时，右臂屈肘收拳，经过腰部右侧直向前打出，高与胸齐，拳眼向上，左拳撤至腰部左侧，拳心向上；眼看右拳（图3-178）。

要点：打拳和进步整齐一致；右拳打出后，肘部自然弯曲，右肩前顺，身体斜对前方。

53. 顺步炮拳（鹞子入林）

同第47式动作说明（图3-179）。

图3-179　　　　　图3-180　　　　　图3-181

54. 左退步捋掌（虎洗脸）

同第 48 式动作说明（3-180、3-181）。

55. 右退步捋掌（虎洗脸）

同第 49 式动作说明（图 3-182）。

56. 转身右崩拳（金鸡食米）

（1）、（2）两动作与 50 式乌龙取水中（1）、（2）两动作完全相同（图 3-183、3-184）。

图 3-182

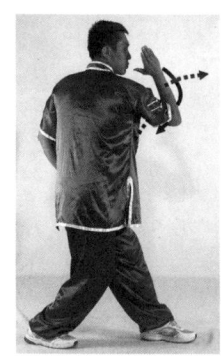
图 3-183

图 3-184

图 3-185

图 3-186

（3）右拳由左前臂外面向上、向后翻转，停于额前，拳眼向下，拳心向外，同时左腿迅速蹬地，身体右后转，左脚提起，收到右踝关节处，小腿靠紧，左臂随之屈肘，左拳经胸部向下落，掩于左胯后，拳眼向后；眼随身体转动，看前下方（图 3-185）。

（4）上动微停，身体再向左转，左脚向左前方迈进一步，右脚随之跟进半步，同时右拳下落经腰部右侧向前打出，高与腰平，左拳变掌，前臂外旋，由身体左侧向前划弧，扣在右腕上，眼看右拳（图3-186）。

57. 撤步左劈掌

（1）右脚后撤半步，成左弓步；同时左掌前伸，掌心向前，高与眼平，右拳亦变掌，停于左前臂内侧，掌心向左（图3-187）。

（2）两掌同时下捋回收，至腹前再握成仰拳抱于腹部；随之左脚蹬地提起，收到右腿内侧，脚尖上翘，靠在右踝关节处；身体向右扭转，体重落于右脚，眼随身体转动平视（图3-188）。

（3）右脚不动，左脚向前迈一步，成三体式步；同时两拳上钻，至下颏处翻转变掌，向前向下劈，左掌高与胸平，右掌停于左肘下方，两掌心均朝斜下方；眼看左掌（图3-189）。

图3-187　　　　　　　图3-188　　　　　　　图3-189

58. 进步左推掌（推窗望月）

（1）左掌下落变拳收至腹前，右掌也随之握拳收回，两拳成仰拳抱于腹前；同时左脚再撤回提起，靠于右踝关节处（图3-190）。

（2）上动不停，左拳变掌迅速向左上方外推，拇指朝下，掌心向外，高与肩平；同时左脚向左横跨半步，右脚随之滑步跟进，身体略向下蹲，体重偏于右腿，成半马步，眼看左掌（图3-191）。

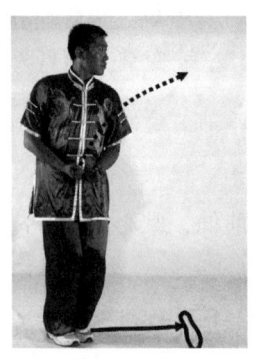 

图 3-190　　　　　　图 3-191

59. 马步双撑掌（三盘落地）

左掌向里翻转，经胸前收到腹前，右拳变掌，与左掌在腹前交叉（左掌在上），掌心皆向上，然后两掌同时向左右撑开，虎口向内，掌心向下，停于两膝外侧，同时左脚再向左横移半步，右脚随之滑进，仍成半马步，身体比上式略低，上体略向前俯，眼看左掌（图 3-192）。

图 3-192　　　　　　图 3-193

60. 坐盘下插拳（懒龙卧道）

右脚向左脚前面横进半步（盖步），身体微左转，两腿交叉，成半蹲坐盘步，同时两掌变拳，右拳经腹前由左前臂上面向前下插，拳心向上，左拳收停在右前臂下，拳心向下，两前臂与腹部靠紧，眼看前下方（图 3-193）。

61. 进步左横拳（乌龙翻江）

左拳由下向前，向左翻转拨出，高与肩平，拳心向上，肘部微屈，同时左脚向前迈一步，左腿稍屈膝；右拳撤至右腰侧，拳心向下；眼看左拳（图3-194）。

图 3-194

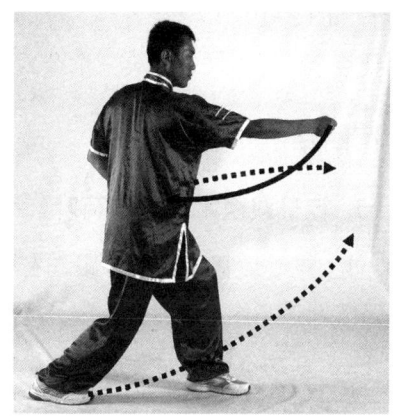
图 3-195

62. 原地右崩拳

后腿蹬劲，重心前移，成左弓步；同时右拳经腰部直向前打出，拳眼向上，高与胸齐；左拳撤回腰部左侧，拳心向上，眼看右拳（图3-195）。

63. 左冲右蹬（龙虎相交）

左腿屈膝站稳，右腿先屈收大腿，再蹬伸小腿，高与腰平，脚尖上翘，脚跟用力蹬；同时右拳撤回腰部，拳心向上，左拳直向前打出，拳眼向上；眼看前方（图3-196）。

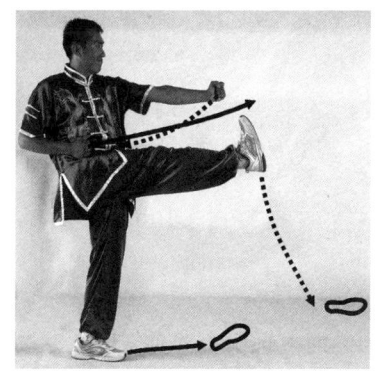
图 3-196

图 3-197

64. 顺步右崩拳

右脚向前下落，左脚随之跟进半步，屈膝半蹲，体重坐于后腿，同时，右拳经腰部直向前打出，拳眼向上，高与胸齐；左拳撤回，停于腰部左侧，拳心向上；眼看右拳（图3-197）。

要点： 以上九式参阅第三章杂式捶22、23、24、25、26、27、28、29、30九式要点。

第四路

65. 转身双摆掌（风摆荷叶）

（1）重心后移，以左脚跟，右脚掌为轴，身体向左后转；两臂内旋，两拳贴近身体下落划弧（图3-198）。

（2）上动不停，两拳再向左、向上划弧，经面前同时变掌，向右向后摆推，身体也随着向右后转，两掌掌心向外，指尖向上，右掌高与肩平，左掌停在右肘下方；右脚在摆掌后推时，迅速向左脚前方盖步，左脚随之跟进，两腿交叉，前腿膝部略屈，后腿也自然弯曲，脚跟离地，身体向右后拧劲，成绞剪步；眼看右掌（图3-199）。

要点： 两臂转动时要贴近身体划一立圆，摆掌、扭腰、盖步动作要整齐一致；两膝不可僵挺。

图3-198

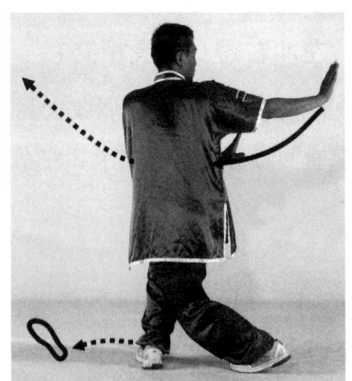
图3-199

66. 进步左劈掌

（1）身体左转，右掌变拳屈收经腰侧向前、向上钻出，拳心斜向上，高与鼻平，同时右脚向前垫步，脚尖外展，重心前移，成右弓步；左掌也握拳收至腰间，拳心向上，成劈拳右起式（图3-200）。

图3-200　　　　　　　图3-201

（2）左脚前进一大步，右脚随之跟进半步；同时左拳微外旋（拧劲），顺着右前臂向上、向前再变掌向下劈出，高与胸齐，右拳变掌撤至腹前，成劈拳左落式（图3-201）。

要点：同劈拳起落式动作要点。

67. 纵步前穿掌（金鸡独立）

（1）左脚前进半步，重心前移，屈膝弓腿，身体略向下蹲，上体略前俯，右脚脚跟离地，膝部弯曲，同时右掌由左掌下面向前穿出，高与胸齐，左掌撤至胯部左侧，两掌心均向下，指均指向前方；眼看前手（图3-202）。

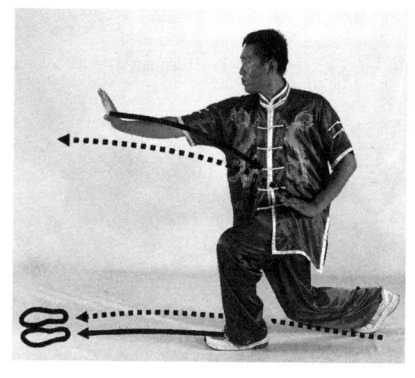

图3-202　　　　　　　图3-203

（2）左脚蹬地，右脚尽力前进一步，落地后屈膝半蹲，左脚在右脚未落地之前，迅速蹬地提起，靠于右踝关节处，成右独立步；同时左掌由右掌下面向前穿出，高与胸齐，右掌撤至腰部右侧，两掌仍为俯掌，指尖皆向前；眼看前手（图 3-203）。

要点：纵步要远，要稳，身体不可起伏和晃动，穿掌时精神要贯注，指尖略高于膝部；提步时塌腰，顶头，上体不可过于前俯。

68. 猿猴叼绳右式

（1）左脚向左后方撤步，成右弓步，同时右掌由左掌下面向前穿出，高与胸齐，左掌撤至腹前，掌心均向下；眼看右手（图 3-204）。

图 3-204

图 3-205

（2）重心后移，右脚撤回半步，脚尖点地，落在左脚前，成右丁虚步，同时右掌回收下插，贴在右大腿内侧，掌心向外，掌指向下，左掌顺着右肩向前小探，停在右肩前，掌心向前；眼顺着左掌指方向，注视前方（图 3-205）。

要点：缩身、含胸、塌腰、竖颈，精神贯注，身体不可软缩。

图 3-206

图 3-207

69. 猿猴爬竿右式

（1）右脚向前进半步，成三体式步；同时右掌由左掌下面向前伸出，高与眼平，左掌撤至腹前，掌心均向下；眼看右手（图3-206）。

（2）右脚再向前垫步，重心前移成右弓步；同时左掌由右掌下穿出，右掌撤至腹前，掌心仍向下，眼看左手（图8-207）。

（3）左脚向前进一步，右掌由左掌下向前伸出（图3-208）。

（4）上动不停，左脚迅速蹬地，右大腿尽力高抬，脚尖上翘，上身前倾，用左脚单足向前纵跳一步；同时左掌由右掌下面向前穿出，右掌撤至腹前，掌心仍向下，眼看前手（图3-209、3-210）。

（5）左脚落地后，右脚尽力前迈一步落地，左脚随之跟进半步，体重坐于后腿，仍成三体式步；同时右掌由左掌下面向前伸出，高与眼平，左掌撤至腹前，掌心均向下；眼看前手（图3-211）。

图3-208

图3-209

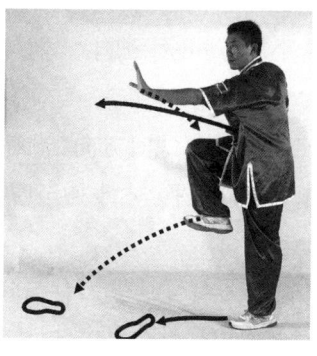

图3-210

图3-211

要点：1、2、3、4、5动作要连贯，进步出掌都要迅速，中间不要停顿，跳步时，左腿蹬起，右腿高抬，重心上提，跳步要远，要稳，并和左掌前伸整齐一致；上体前倾时不要耸肩，缩颈，眼睛随着两掌伸缩交替看左右手。

第五路

70. 转身猿猴挂印

（1）右脚收回，脚尖点地，身体向左扭转，同时右手下落，变成八字掌，收至腹前，左手也变成八字掌，收至腹前，手心皆向上；头随身体转动；眼向前平视（图3-212）。

图3-212

图3-213

（2）右脚向右后方迈出，脚尖外撇（摆步），身体向右扭转同时右前臂内旋，右八字掌经胸前横向外撑，高与肩平，拇指向下，手心向外；眼看右掌（图3-213）。

（3）左脚向右脚内侧扣步，两脚成八字形，相距一脚长，身体继续向右后转，两手姿势不变；眼仍看右掌（图3-214）。

（4）右脚顺着左脚脚跟方向撤一步，身体转向起式时方向，重心前移，成左弓步；同时两手都变成俯掌，左掌由右掌下面伸出，高与眼平，右掌撤至腹前，眼看左掌（图3-215）。

要点：1动微停，2、3、4动要连贯不断，一气完成，右掌后收外撑，要和右脚的回收外摆协调一致；摆步、扣步、转体速度要快，上下要完整，腰部向右拧劲。

图 3-214　　　　　　　图 3-215

71. 猿猴叼绳左式

重心后移；左脚撤回半步，脚尖点地，落在右脚前，成左丁虚步；同时左掌回收下插贴在左大腿内侧，掌心向外，掌指向下，右掌顺着左肩向前小探，停在左肩前，掌心向下，掌指朝前；眼看前方（图3-216）。

图 3-216

要点：同前猿猴叼绳右式，唯左右相反。

72. 猿猴爬竿左式

动作和要点皆同（六九）爬竿右式，唯手脚左右相反，进步及纵跳方向也与右式相反（图 3-217、3-218、3-219、3-220、3-221、3-222）。

图 3-217　　　　　图 3-218　　　　　图 3-219

图 3-220　　　　　图 3-221　　　　　图 3-222

第六路

73. 转身右穿掌

（1）左脚向身后撤步，以右脚掌为轴，身体左后转；同时两臂外旋，手心翻转向上，随身体转动；眼仍看左手（图 3-223）。

图 3-223　　　　　图 3-224

（2）右脚尽力前进一步，左脚随之跟上，两腿并拢自然站立，身体侧对行进方向；同时右掌顺左臂下面向前向上伸出，高与眼平，左掌屈收停在右肘旁，两手掌心均朝上；眼看右掌（图 3-224）。

要点：转身并步速度要快，穿掌时两前臂外旋，两肘向里夹劲，定式后，两臂自然弯曲，膝部不可伸直。

74. 转身仆步盖掌

以右脚掌为轴，身体再向左转，左脚速向后撤一大步，身体前俯，重心下降，前腿弓屈膝部超过脚尖，后腿仆出伸直；同时右手屈肘上举绕过头顶向身前盖下，左掌腕部卷收，手背贴肋，顺左肋外侧向身后插下，掌心向外；眼看前手（图 3-225、3-226）。

要点：身体转动要灵活，两臂动作要缠绕身体；仆步、盖掌要一致。

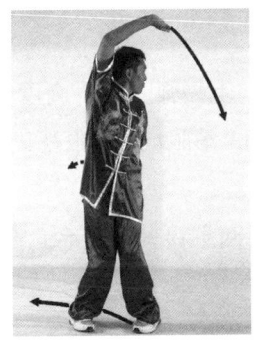

图 3-225　　　　　　　图 3-226

75. 进步右穿掌

体重后移，身体左后转，右脚向前迈进一步，重心升高，成三体式步；同时右前臂外旋，手心翻转向上，经胸前向前上方前臂同时外旋，手心翻转向下，经右前臂下方收至右肘下；眼看右手（图 3-227）。

图 3-227　　　　图 3-228　　　　图 3-229

要点：两前臂要旋转拧劲，左手后伸要像螺旋一样边顶边旋，右脚上步要和穿掌一致。

76. 回身三体式

右脚尖内扣，身体左后转，左脚随之扭直，重心坐于右腿，成三体式步；同时右掌屈肘上举，经面前下落至腹前，左掌翻转，手心向上，并屈腕卷收，手背贴肋，再向后、向左、向前上反手划弧，前臂外旋，使手心翻转向下，至体前时塌腕下降，高与胸齐，成三体式（图3-228、3-229）。

要点：两臂运行要缠绕身体，两掌下沉要和左脚调整扭直协调一致，同时沉肩塌腕，顶头塌腰，气向下沉。

77. 收式

（1）两脚不动，两手心翻转向上；同时右手后撤向上划弧，两手高度相同时，一起平托上举至头部高度再握拳，向腹前按下，拳面相对，拳眼向内，眼视正前方（图3-230）。

（2）左脚收回与右脚跟靠拢，两脚仍成45°；同时两拳松开，两手下垂于体侧，身体起立，成半侧立正姿势（图3-231）。

图3-230　　　　图3-231

要点：两臂上举要结合吸气，两拳下按结合沉、呼气，以体现动作的扎实完整，腰部也可以配合转动；身体站立时，不可突然或松懈。

第三章 单练套路

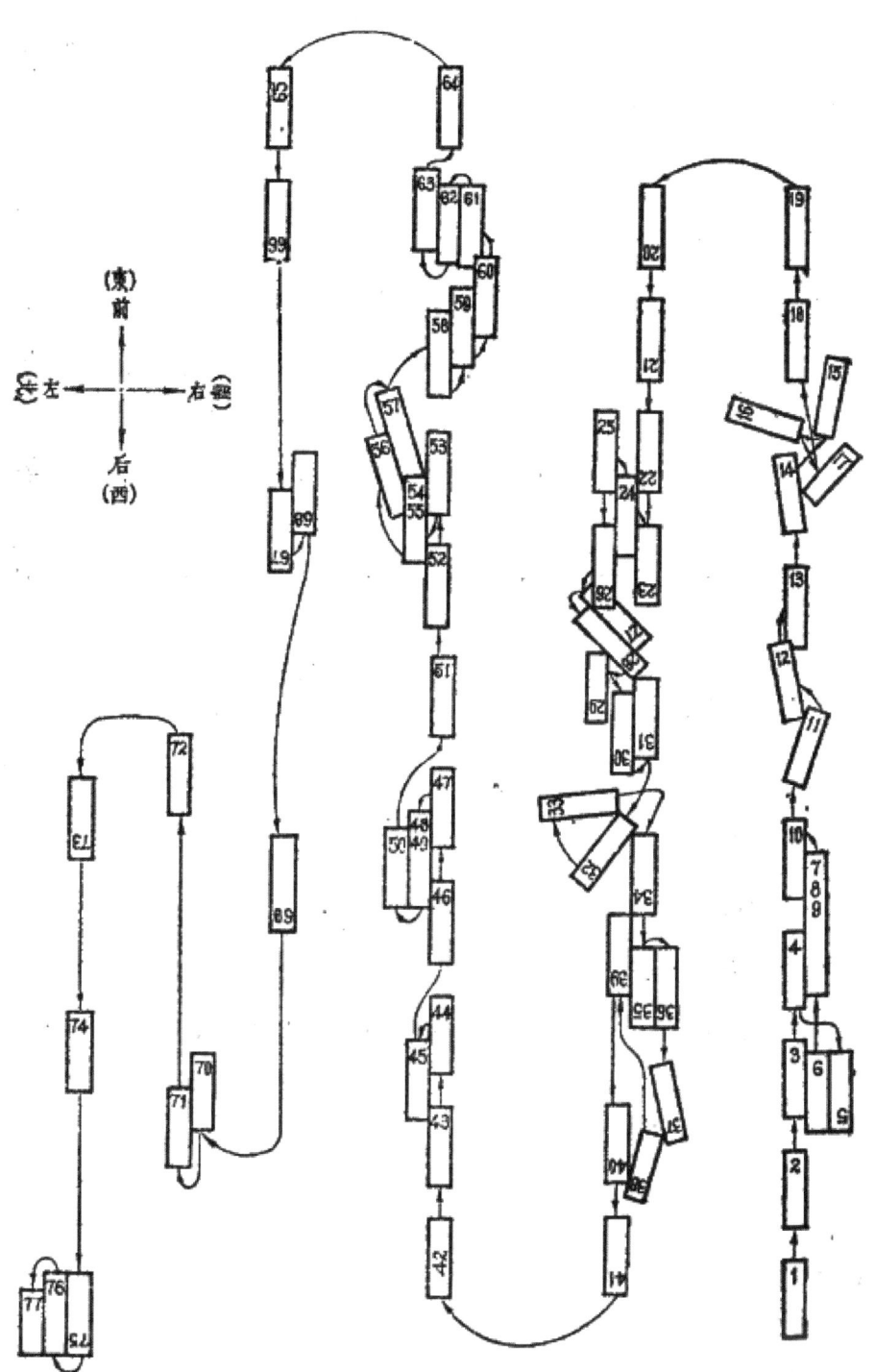

第四章 对练套路

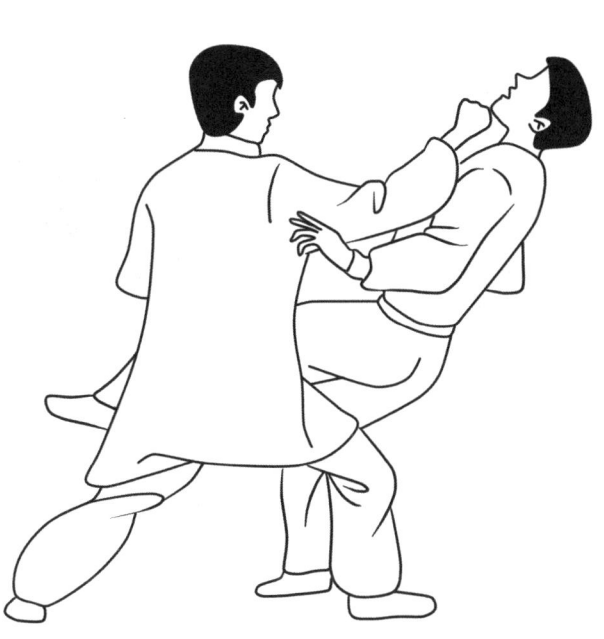

第一节 五行相克

五行拳的对练形式，过去称为五行相克。它以金、木、水、火、土为代号，表示劈、崩、钻、炮、横五种拳法，互相攻防对击，称为金克木、木克土等。是一种假设性的连贯对打，以锻炼攻防意识和身法、手法、步法的准确性、灵活性。

（一）预备式 甲（穿黑上衣者）乙（穿白上衣者）二人对面站立，均做成左脚在前的"三体式"姿势，甲乙前手，相距30~60厘米（图4-1）。

图4-1

图4-2

（二）（1）乙两掌握拳，随即左脚前进半步，右脚随之跟进半步，同时右拳速向甲之左肋部打崩拳（拳眼向上），左拳撤回腰部左侧（拳心向上）。（2）甲方见乙右拳向身前打来，速向后退右脚，左脚随之向后撤半步；同时左掌向里翻转扪在乙右腕之上，右掌收于腰部右侧变拳，拳心向上；眼看左掌（图4-2）。

要点：乙打拳时，务要和前脚进步落地整齐一致，出拳速度要快，后脚尽量蹬劲，身体不要忽起忽落；甲根据乙打拳的速度和距离，向后撤右脚，左掌翻转下按要和左脚后撤协调一致，二人都应松肩、塌腰、精神集中。

（三）（1）乙左脚继续前进半步，右脚随着跟进半步，同时右拳撤至腰部右侧（拳心向上），左拳由腰侧再向甲左肋侧打崩拳（拳眼向上）。（2）甲方速向后撤右脚，左脚也随之后撤半步，将乙左拳闪开之后，左掌速变拳由乙左拳下绕过，微向上钻，压于乙左腕外侧，然后左脚垫步，脚尖外撇，左拳变掌按在乙左腕上方；右脚随即速向乙左脚外侧进一步，右拳变掌与右脚进步的同时（速度要与右脚一致），向乙肩劈去（图4-3、4-4）。

图 4-3　　　　　　　　　图 4-4

要点：甲闪过乙的左拳之后，垫左脚进右步速度要快，右脚落下与右掌前劈务要整齐一致。

（四）（1）乙两脚不动，在甲右掌劈到左肩之际，身体略向左转，速将左拳向上翻转（先钻再翻转），停于头部左上方（拳眼向下），使甲劈来之掌失去效用；同时右拳（拳眼向上）速向甲之心窝打去（图4-5）。（2）甲见乙右拳打来，速将右脚撤至左脚内侧，脚尖外撇；同时左手下落扣住乙之右腕，右手变拳收回右腰部外侧，随即左脚向前进一步，同时，右拳顺着自己左手上面向乙之下颏钻去（拳心向里）；眼看乙面部（图4-6）。

要点：乙右拳向前打炮拳时要和身体向左转动一致，左拳上架时，务要先向上钻然后再向外向上翻转，以化开甲的劈拳。甲左手下落与乙右拳接触时，要向里裹劲，右拳向乙下颏钻出时，须和左脚的进步动作一致。双方动作要紧密协调，精神要集中。

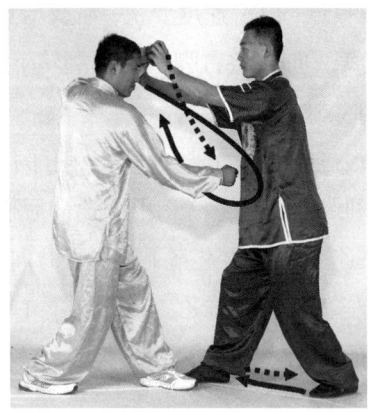 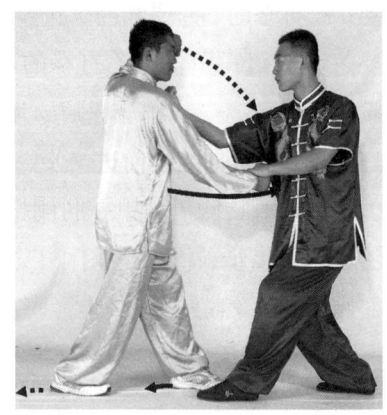

图 4-5　　　　　　　　　图 4-6

（五）乙两脚略向后撤，身体向右转，速将右拳撤回腰部右侧（拳心向上），同时左拳向甲右肘外侧斜着截击，拳心向上（图4-7）。

图 4-7

要点：乙用左拳截击甲右臂时，要向里裹劲。肩要沉、肘要坠、腰要塌住。

（六）（1）甲右臂被乙左拳格住，速将右臂撤至右腰侧，左手握拳速向乙胸部直着打去，同时左脚向前进步，右脚随之跟进半步。（2）乙见甲之左拳向身前打来，速将左脚向后撤一大步，右脚随之略向后撤；同时身体向左转，右拳变掌前伸按在甲左腕上，左拳收至左腰侧，拳心向上（图4-8、4-9）。

要点：乙撤步时速度要快，后退的步幅大小要以甲打拳的远近为准。

/ 第四章 对练套路 /

图 4-8　　　　　　　　　　　　图 4-9

（七）（1）甲左拳打击失效后，速将左拳撤至左腰侧（拳心向上），再用右拳向乙胸部打去；同时左脚向前进半步，右脚随之跟进半步。（2）乙见甲右拳又向身前打来，右脚速向后撤一大步，左脚也随之略向后撤；同时左拳变掌前伸按在甲右腕上，右手变拳收回右腰侧，拳心向上（图 4-10）。

要点：与第 6 要点相同，唯左右式不同。

图 4-10　　　　　　　　　　　　图 4-11

（八）（1）甲之右拳打出失效后，速将右拳撤于右腰侧（拳心向上），用左拳再向乙之胸部打去（拳眼向上）；同时左脚前进半步，右脚随之跟进半步，眼看左拳。（2）乙速向后撤右脚，左脚也随之后撤半步，将甲方的左拳闪开之后，左掌速变拳，由甲之左拳下面绕过，向外翻转上钻压在甲左腕上（图 4-11）。如果二人反复操练，

DUILIANTAOLU | 171

则乙左脚再向前垫步，脚尖外撇，右脚向甲左脚外面进半步；同时右拳变掌向甲之左肩劈去，左拳变掌向外翻转，按在甲左腕上成劈拳姿势（参阅图4-4，唯甲乙的姿势交换）。以后甲再用炮拳打乙胸部，乙由劈拳变钻拳击甲之面部，甲退乙进，一攻一防反复不停地练习。

（九）收式：甲或乙打成崩拳，二人各将前脚收回两手垂于身体两侧，成立正姿势。

第二节 三手炮

一、定步练习法

1. 预备式

甲（黑上衣者）乙（白上衣者）对面马步站好，两手握拳抱于腰侧，拳心向上，两人中间距离约为一臂长（直臂握拳微贴近对方腹部为宜）。互相对看（图4-12）。

图4-12

图4-13

2. 乙右崩拳　甲左劈掌

乙右拳向甲腹部打去（右崩拳），拳眼向上，臂微屈，甲见乙右拳打来，两拳速变掌，右手按住乙右腕，左手劈打（按劲）乙上臂（图4-13）。

3. 乙左崩拳　甲右劈掌

乙右臂被甲劈下，左拳趁势向甲腹部打去（左崩拳），拳眼向上，臂微屈，同时右臂顺势收回腰侧；甲见乙左拳打来，右手略向前、向上伸，劈打（按劲）乙左上臂，左手按乙左腕（图4-14）。

图 4-14

图 4-15

图 4-16

图 4-17

4. 乙右炮拳　乙左捋右崩拳

乙左臂被甲方劈下，在将要失掉作用之际，左前臂速向上钻架（先外旋，后内旋），横置于头部左上方，拳眼向下，同时右拳速向甲之胸部打去（炮拳）；甲劈掌失去作用后，左手速舍去对方左臂，速向下落由左向右托对方右肘外侧（连推带捋劲），同时撤回右手变拳，顺着自己左手下方，向乙腹部打去（右崩拳），拳眼向上，臂微屈（图4-15、4-16）。乙右臂被甲托开失去作用后，左拳速变掌下落，向甲右上臂劈去，右拳也同时变掌按住甲右腕（图4-17）。

按照以上办法，甲再打左崩拳，乙再用右劈掌，甲再变炮拳，乙再变左捋右崩拳，二人反复轮换打下去。初学时，先由慢入手，逐渐加快，但要快而不乱，配合协调。

二、活步练习法

1. 预备式

甲、乙二人对面立正站好，然后身体略下蹲，均用左脚在前的"三体式"姿势，二人前手中间的距离10~20厘米（图4-18）。

图 4-18

图 4-19

图 4-20

图 4-21

2. 甲进步左压右捋上冲拳　乙撤步右捋掌

甲左手变拳向乙左腕下压，前臂外旋，右手也随即向乙左腕捋去，扣在乙左腕上方；同时左脚先向前垫半步（与左手同时），然后右脚（与右手同时）前进一步，贴近乙左脚外侧落地。重心大部坐在后腿，待右手捋住乙左腕之后，左拳略向后撤，随即向着乙面部冲打，拳眼向上，拳面向前；眼看对方面部（图4-19、4-20）。

乙在甲左拳将打到自己面部时，速撤回左脚，向左转身，同时右手向甲左腕捋去，扣住甲之左腕，左拳撤回腰间（拳心向上）。身体略向下蹲；眼看甲方（图4-21）。

3. 甲进步右压左捋上冲拳　乙撤步左捋掌

甲左腕被乙右掌扣住，随着对方下压的方向，把左拳撤回，同时，右拳顺着自己左拳的路线速向乙右前臂外侧（腕部）下压，臂外旋，拳心向上，同时右脚略向前垫步，上式不停，左脚再前进一步，左拳变掌向乙右腕捋去，右拳撤经腹前，即向乙面部冲打，拳眼向上，拳面向前；眼看对方面部（图4-22、4-23）。

图 4-22

图 4-23

乙在甲右拳将到时，速撤右脚，向右转身，同时左手向甲右腕捋去并扣住，右拳撤至腰间（拳心向上）。身体略向下蹲；眼看甲（如图4-21，唯左右相反）。

按照以上打法，甲攻乙守，甲进乙退，动作数量依场地和体力情况而定，等甲进攻到场地的一端，甲再变为守，乙变为攻，乙进甲退，二人反复进行，循环操练。最后打到起式位置，两人都是右脚在前时，然后各自退回右脚，成三体式收式。

初学时，速度要慢一些，力求手法、步法准确，配合恰当，而后再加快速度，切忌生砸硬打，使用蛮力。两人要配合协调，进退合度，手眼相随，不断提高手、眼、身、步法的协调性和反应能力。

第三节 挨身炮

挨身炮是形意拳对练中比较成熟和复杂的传统套路。经常操练、不断揣摩，不但能使手、眼、身、法、步准确协调，反应迅敏，并对培养人的自卫能力、攻防意识和技术有很大帮助。

一、挨身炮动作名称

1. 预备式
2. 甲 进步右崩拳　　乙 退步左捋右崩
3. 甲 左劈掌　　乙 顺步左炮拳
4. 甲 换步右劈掌　　乙 左挂右劈
5. 甲 左双截拳　　乙 左劈掌
6. 甲 右挂右崩拳　　乙 退步右崩拳
7. 甲 右扑面掌　　乙 右穿掌
8. 甲 进步炮拳　　乙 退步左按掌
9. 甲 进步右反背拳　　乙 退步左穿掌
10. 甲 进步右劈掌　　乙 右反背掌
11. 甲 换步左劈掌　　乙 右挂扑面掌
12. 甲 进步撩拳　　乙 退步捋劈
13. 甲 右挂左劈　　乙 右穿掌

14. 甲 右扑面掌　　乙 马步左崩拳

15. 甲 连环右扑面掌　　乙 退步穿掌

16. 甲 挟臂切掌　　乙 左双截拳

17. 甲 左劈掌　　乙 右双截拳

18. 甲 进步踩脚　　乙 退步截击

19. 甲 左挑右劈　　乙 左抓肩

20. 甲 摘肩右劈掌　　乙 左搂右劈

21. 甲 左双截拳　　乙 左劈掌

22. 甲 右崩拳　　乙 退步左捋右崩

23. 收式

二、挨身炮动作说明

1. 预备式

甲（黑上衣者）乙（白上衣者）二人对面立正站好，然后身体下蹲，均用左脚在前的"三体式"姿势，二人前手中间距离 30~60 厘米（图 4-24）。

图 4-24

2. 甲进步右崩拳　乙退步左捋右崩

（1）甲两掌变拳，左脚尽力向前进一步，右脚随之跟进半步；同时右拳向乙胸部打去，左拳撤回腰部左侧。

（2）乙见甲右拳打来，速将右脚后撤一步，左腿提起；同时左掌向甲右腕圆捋（略向右推），随即右拳顺着甲右前臂外侧，向甲右肋部打去，左掌同时变拳撤至腰部左侧，同时左脚向前落地，右脚略向前跟进（图4-25、26）。

图 4-25

图 4-26

3. 甲左劈掌　乙顺步左炮拳

（1）甲速将右拳变掌向回捋乙右腕；同时左掌向乙面部右侧劈去，左脚随之略向前移（图4-27）。

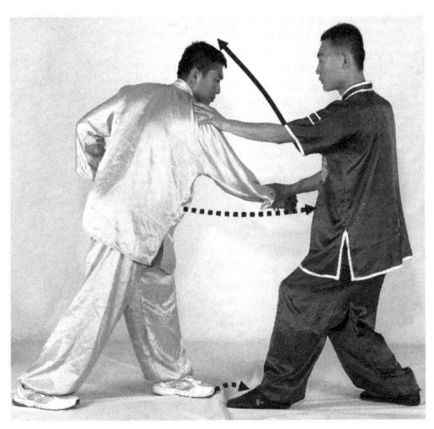
图 4-27

图 4-28

（2）乙见甲之左掌劈来，速将右臂向上、向后、向外翻转屈肘停于头部右上方；同时左拳向甲胸部打去，左脚略向前移（图4-28）。

4. 甲换步右劈掌　乙左挂右劈

（1）甲见乙左拳打来，速将左掌撤回按乙左拳，随即左脚略向后撤步，右脚速进至乙左脚外侧；同时右掌向乙左肩劈去（图4-29）。

（2）乙见甲右掌劈来，左脚速向后撤，右脚随即前进一步；同时左拳变掌向后、向上回撤，挂开甲右掌，并用右掌向甲面部左侧劈去（图4-30）。

图 4-29

图 4-30

5. 甲左双截拳　乙左劈掌

（1）甲见乙右掌劈来，上体速向左转；同时两掌变拳，右拳截住乙右前臂，左拳截住乙右腕（图4-31）。

图 4-31

图 4-32

（2）乙右掌被甲两拳格开，见甲方右面空虚，速用左掌再向甲面部右侧劈去，右掌同时变拳撤回腰部右侧（图4-32）。

要点：甲向左截乙右掌时，两臂要随着腰背旋转，两前臂旋转时（左内旋、右外旋）不要用力向外敲打，要向后、向外带裹劲，速度要快，身上的劲要完整。

6. 甲右挂右崩拳　乙退步右崩拳

（1）甲见乙左掌向面部劈来，上体速向右转，右拳左掌格开乙左掌，不停，速用右拳由自己左前臂下方向乙胸部打去（图4-33）。

  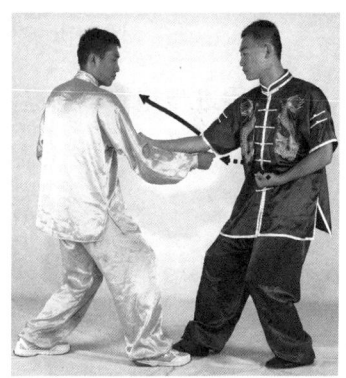

图4-33　　　　　　　　图4-34　　　　　　　　图4-35

（2）乙见甲右拳向胸前打来，速撤左脚，提右腿，同时右手捋甲右拳，左拳由甲右腕下绕过向外拨甲之右拳，然后右脚向前落，同时右拳速向甲胸部打去（图4-34、4-35）。

要点：向右格开和打右拳的动作要连贯不停。乙撤步时速度要快，右手捋、左手拨和向前打右拳三个动作中间不可停顿，速度越快越好。

7. 甲右扑面掌　乙右穿掌

（1）甲见乙右拳打来，身体速向后坐，右脚略后撤，同时右拳变掌落于乙右拳上面向后搂，左拳亦变掌落于右掌前方继续后搂乙右拳，右掌向乙面部扑去，右脚随之略向前进，左脚略向前跟步（图4-36）。

（2）乙见甲右掌扑来，右拳变掌由下向左旋转，绕向甲右臂外侧向上伸，抵住甲右臂，同时两脚微向回撤（图4-37）。

要点：甲右掌搂、左掌搂和右掌扑面要连贯不停，速度越快越好。

图 4-36

图 4-37

8. 甲进步炮拳　乙退步左按掌

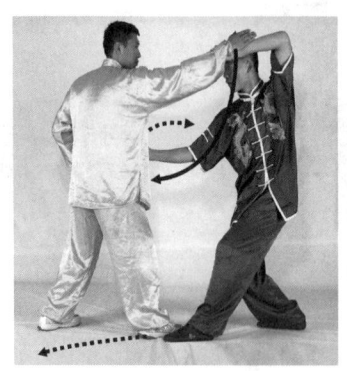

图 4-38

图 4-39

（1）甲右掌失效，两掌变拳，速用左拳挑起乙右臂，右拳速向乙胸部打出（炮拳）；同时左脚前进一步，右脚随之跟进半步（图4-38）。

（2）乙见甲右拳打来，速退右脚，同时用左掌按在甲右腕上，右掌变拳，撤回右腰部（图4-39）。

要点：

（1）甲打炮拳时，用左掌挑乙右臂，不要横着向上架，要先向上钻再向外翻转，打右拳和进左脚要动作一致。

（2）乙退步的大小要根据与甲之间的距离而定，不可离得太远或太近，退时要快，左掌下按要和退步的动作一致。

9. 甲进步右反背拳　乙退步左穿掌

（1）甲左拳变掌顺乙下按的方向，搂开乙左掌；同时右脚向乙左脚外侧进步，右拳用拳背向乙面部左侧打去（图4-40）。

（2）乙见甲右拳打来，速退右脚，左脚随之后撤，闪开甲右拳，并将左掌由下收回，再顺甲右前臂内侧向上穿出（图4-41）。

要点：

（1）甲进右脚和打右反背拳要同时进行，不可分先后，速度要快。

（2）乙穿掌时，须先随甲向下搂的劲，将左掌由下撤到胸前再速向上穿出去，不可直接向外拨开，退步与穿掌的速度要一致。

图 4-40

图 4-41

10. 甲进步右劈掌　乙右反背掌

图 4-42

图 4-43

（1）甲顺着乙上穿的方向，左拳变掌速向右拍出乙左臂，然后右拳变掌由乙左臂下面绕过，向乙面部左侧劈去，同时右脚向前进步，左脚随之跟进（图4-42）。

（2）乙用右掌向左速拍出甲右掌，左掌也由外向里绕至甲右掌内侧（此时甲左手自然握拳落于腰间），向外拨开甲右臂，右掌随即顺甲右臂用手背击打甲面部右侧；同时左脚后撤，右脚向前换步（图4-43）。

要点：

（1）甲用左掌拍击乙左臂和右掌劈出的动作要连贯一致。

（2）乙用右掌拍击甲右掌与左掌拨开甲右臂、右掌再打反背掌三动作必须速度快，要合而为一。

11. 甲换步左劈掌　乙右挂扑面掌

（1）甲的右掌被乙拨开之后，右脚速向后撤，闪开乙右掌，右掌速由下向里绕至乙右臂外侧，顺势向后、向下捋乙右臂，左掌前伸劈乙面部右侧；同时左脚向前进一步（图4-44）。

  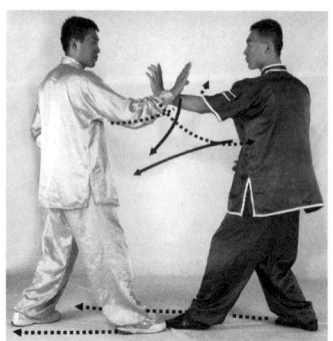

图4-44　　　　　　　图4-45　　　　　　　图4-46

（2）乙见甲左掌劈来，速将右臂屈肘回收，用右掌挂开甲左掌，左掌顺势下搂甲左前臂，同时撤左步，提右腿，再速用右掌由上向甲面部劈去，右脚随之向前落下。甲速将左臂由下向里、向上绕至乙右臂里侧伸出，截住乙右掌（图4-45、4-46）。

要点：

（1）甲捋乙右臂时，要先向上伸再向后、向下捋，左掌前劈要和左脚进步整齐一致。

（2）乙用右掌向后搂和左掌向下搂，动作要快，右掌前劈和右脚前落，动作要协调一致。

12. 甲进步撩拳　乙退步捋劈

（1）甲截住乙右臂不停，用力向外拨开乙右臂，屈臂变拳收回腰间，然后右脚速向前进一步；同时右掌变拳向下、向前朝着乙的裆部撩去。

（2）乙见甲右拳撩来，右脚速向后撤一步；同时右掌向下捋甲右腕，左掌向甲颈部劈去（图 4-47）。

要点：

（1）甲撩右拳时，身体略向下蹲，再靠肩、臂用力向前撩。

（2）乙向后退之步幅大小要依甲前进的步幅而定，右掌要向下捋，左掌要有向前下方的切劲，前后用力要一致。

图 4-47

13. 甲右挂左劈　乙右穿掌

图 4-48

图 4-49

（1）甲两足不动，速屈右臂变拳为掌搂开乙左掌，左掌向乙面部右侧劈去（图4-48）。

（2）乙速将左掌收回腰部左侧，用右臂由甲左臂里侧向上穿出，挡住甲左掌；同时两脚微向后撤（图4-49）。

14. 甲右扑面掌　乙马步左崩拳

（1）甲左掌速向后、向下搂乙右掌，右掌速向乙面部扑去，两脚不动（图4-50）。

（2）乙见甲右掌扑来，速用右掌向左拍开甲右掌，左掌变拳向甲右肋部打去，同时身体略向右转，两腿屈膝半蹲，左脚脚尖随身体转动向里扣，成马步（图4-51）。

要点：乙变马步时的转身和打左拳、扣左脚动作要协调一致，要蹲身坐腰。

图 4-50

图 4-51

15. 甲连环右扑面掌　乙退步穿掌

图 4-52

图 4-53

（1）甲见乙左拳向肋部打来，速向后坐腰（缩身），先用右掌向下按乙左拳（此时乙右掌自然握拳落于腰侧），继之左掌再下按乙左拳，右掌速向乙面部扑去，右脚随之略向前进（图4-52）。

（2）乙速撤左臂，退左脚；同时右臂顺着甲右臂外侧穿出，闪开甲右掌，截住甲右臂（图4-53）。

16. 甲挟臂切掌　乙左双截拳

（1）甲左脚向乙右腿外侧进步；同时左掌由下向上、向外挑乙右臂，由乙右臂里面绕过，用左臂挟住乙右臂，右掌速向乙颈部左侧切去（图4-54）。

（2）乙顺着甲左臂转动的方向，屈肘抽出右臂，用两拳速向左截击甲右前臂，同时身体速向左扭转，两肘下垂，两脚位置不动（图4-55）。

要点：乙向左转截击甲右臂时，要屈膝坐腰，两前臂要向左、向后方裹劲（左内旋，右外旋），不要用力向外击打。

图4-54

图4-55

17. 甲左劈掌　乙右双截拳

（1）甲见右掌被乙截住，速用左掌向乙面部右侧劈去，右手变拳收回右腰侧，两脚仍不动。

（2）乙见甲左掌劈来，身体速向右转，同时两拳再向右截击甲左臂，然后右拳向甲左肋打去，左拳撤至腰部左侧，右脚略向前移。甲两脚微向后撤，身体后坐，同时左掌向后捋住乙右拳（图4-56、4-57）。

要点：乙向右用两拳截击甲左臂后，打右拳时速度要快。

图 4-56

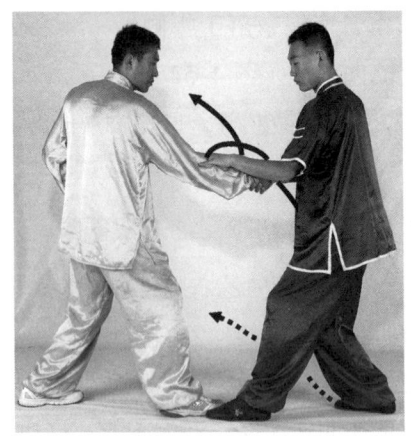

图 4-57

18. 甲进步踩脚　乙退步截击

（1）继上动不停，甲再用右掌捋按乙右前臂，继之左掌再按乙右腕部。身体高度不变，提起右脚向乙右小腿踩去，同时右掌向前上伸。左脚随即略向前纵步，右脚落地成右腿右掌在前的顺步姿势。

（2）乙速退右腿，右拳先收回再绕经甲右臂外侧向上伸去，截住甲右掌（图4-58、4-59）。

要点：

（1）甲左右手交换向乙左前臂回捋时，三动要连续，速度要快。

（2）乙右臂收回后，再由里向外伸向甲右臂外侧。

图 4-58

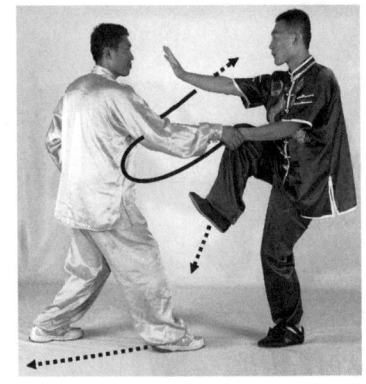

图 4-59

19. 甲左挑右劈　乙左抓肩

（1）甲右臂被乙截住，左臂经自己右前臂下面伸出挑乙右臂；随即抽回右臂向乙面部右侧劈去，同时左脚向前进一步，右脚略向后撤。

（2）乙速将右拳撤回腰部右侧，左掌顺着甲右臂里侧向前抓甲右肩部（图4-60）。

图 4-60

20. 甲摘肩右劈掌　乙左搂右劈

（1）甲右掌回搂乙左掌，左掌继之向外推乙左掌，然后右掌再向乙面部左侧劈去，左脚微提起再落下。

（2）乙速将左臂屈回，转到甲右臂下面向上伸，搂开甲右掌，右掌随即向甲面部左侧劈去（图4-61）。

图 4-61

21. 甲左双截拳　乙左劈掌

（1）甲两脚不动，速向左转身；同时两拳向乙右前臂截击（图4-62）。

图 4-62

图 4-63

（2）乙速将右臂撤回，再用左掌向甲面部右侧劈去，甲即向右转体；同时用两拳截击乙左前臂（图4-63）。

要点：与前双截拳完全相同，请参阅前动作说明及要求。

22. 甲右崩拳　乙退步左捋右崩

（1）上动不停，甲速用右拳向乙左肋部打去，左拳收至左腰间（图4-64）。

图 4-64

（2）乙见甲右拳打来，速将右脚向后撤一步，左脚提起；同时顺势用左掌捋住甲右腕（图4-65）。再落左脚打右崩拳。随后甲退右脚，提左腿，用左手捋乙右拳（图

4-66)。并接做左捋右崩拳,就可乙进甲退,甲乙动作相反地打回到起式的位置。如此往复,次数多少依体力而定。打回的动作不再说明,只要甲乙换做前面的动作即可。

图 4-65

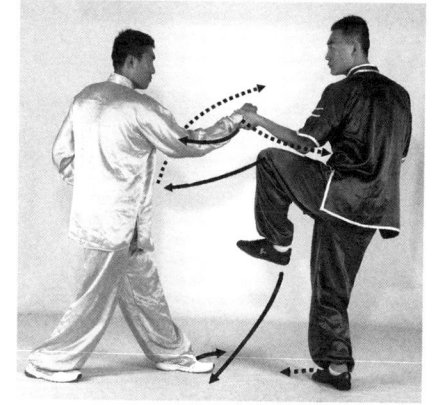

图 4-66

23. 收式

收式的方法,可以采用不同方式,用转身穿掌动作归原来三体式也可,或在原地变为三体式也可,形式不拘,以不生硬为原则。

第五章 健身桩功

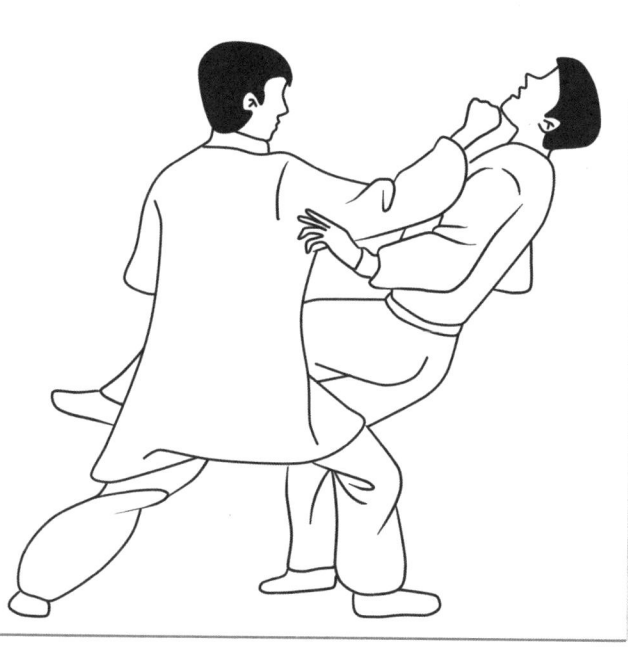

"桩功"是武术运动中采用的静止性基本练习，用以增强力量、耐力等身体素质，体会、掌握锻炼要领。不同的拳术，都有不同的站桩方法。如：马步桩、弓步桩、虚步桩、浑元桩（无极势）、形意拳中的三体式桩等。这些桩功都是练习各种拳术的最基础功夫，不仅初学者，就是技术熟练的运动员，也要反复操练、不断巩固。

形意健身桩功，是近年来在体育界、卫生界很多专家，医生共同努力下，根据形意拳的指导理论所整理创造的医疗保健性的练功方法。在临床应用和体育教学中都收到了很好的效果。

表面看来，形意拳拳势刚烈，力量充实，但其要领却要求"虚心实腹""含胸拔背""悬头竖项""中正安舒"。打起拳来讲究"刚柔相济""气沉丹田"。老武术家孙禄堂将形意、八卦、太极三种传统拳术融会贯通，创立三家合一理论，主张三家拳术虽有力实、力巧、力灵的不同表现，但拳理相合，养内为主，应用各有所当。

形意拳健身桩功是在"清虚其心、轻松其体"的原则下，通过多种静止的姿势或柔缓的动作，使练功者心理安静、意念集中，借以调节人体中枢神经的兴奋和抑制过程，清除大脑皮层的紊乱和疲劳。同时随着中枢神经发出多种良性刺激信号和一系列的功法操练，活跃人体各系统的生理机能。增强和改善内脏器官的功用。从而起到内壮外强的保健作用。

练习"形意健身功"的要则，可以归纳为四点，即：一虚、二松、三顺、四沉。这是指练功时总的法则。在具体姿势上，还应对各个部位有具体要求，对不同体质的患者，也要提出不同的锻炼安排，但是各种具体要求和安排都不能背离四点练功要则。这四项要则不仅是形意健身功的基点，也是一切保健功法、气功疗法的共同原则。

一、虚——主要指练功时心里要安静。所谓"清虚其心""宁神息虑",就是要做到意念专一,心平气和,避免心浮气躁和练功以外的一些杂念。当然我们在初学时期要克制自己复杂的思维活动确有一定困难,必须经过一段时间,成为习惯之后,身体一经站好,思想很快就安静下去,达到内外相合的境地。

二、松——松是指整个身体在练功时,要保持自然舒松,使气血畅行无阻。"松"和"虚"是相互联系的。古拳论中讲:"心安清静,清静无物,无物气行……"说明只有做到思想安静专一,才会保证全身舒松和顺,不僵不滞;能掌握放松要领,方有利于思想的集中,达到"调息养神"的目的。在"松"的要求中应注意以下两点:

(1) 舒:舒和松是相辅相成的环节,如果丢掉舒展,"松"只能成为松软无力、干瘪软缩。过去人们常讲舒松自然,支撑八面。"舒"的含义包括意识和姿势两个方面。在意识中要做到"体静神舒",心畅神怡,情绪饱满;在姿势上要做到舒展大方,庄重自然,这样才会达到真正放松的要求。

(2) 圆:圆有时指内外浑圆一体,但这里主要指外形姿势,要做到全身舒松安静,身体各部姿势就需保持圆润自然。例如:"桩功"中的抱式站法(两臂环抱胸前),要求两臂圆满,做到沉肩坠肘,微微含胸,从而把背阔肌舒展开,各关节松满自然,上体松柔沉静、舒展圆满、腰、臀也会放松、收敛,气也容易沉下去。其他姿势也是如此,不管两臂姿势怎样摆法,脚步怎样站法,"圆"的要求是不可忽略的。

三、顺——顺包括"调息"和"调体"两个方面。"调息"主要指在自然的原则下,使气息深长、匀、细,呼吸不急不迫,通畅无阻。避免练功中,气血上浮,上重下轻。调息时应强调用想象力和意念引导,不要勉强地抑制憋气,以致违背自然的原则。"调体"主要是指把全身上下、左右、前后各部位的位置、浮沉、虚实、动静都调配好,使全身大小肌肉群、关节、所有参加活动的部位,上下合顺,均衡自然,不发生紧张生硬、造作的现象,使整个姿势舒松圆活、轻灵稳健,外顺内合,练功者感觉舒服合度。

四、沉——一方面是指"气沉丹田",避免心浮气躁。另一方面是指练功当中,劲力向下松沉。这种沉的方法,主要是用意念引导,通过肌肉、关节的放松、舒展来实现,不可故意努气使力。初学桩功的人往往由于一时掌握不好要领,思想不能入静,身体难以松顺,因而觉得上重下轻,两脚无根。经过一段时间锻炼,逐渐掌握了心静体松,内外合顺的要领,就会觉得上体越站越轻松,下肢越站越稳固,呼吸深长、匀细,心神舒畅安怡。这时肩、肘、腰、胯各部关节肌肉都有舒松自然、向下沉实的感觉,全身也觉得融和通畅。这种劲力的松沉舒展是正确掌握站桩要领,反复操练,并与意念呼吸协调配合的结果。下面介绍几种常用的健身桩功方法。

一、龙形功

1. 龙盘式

方法:(1)身体自然直立,两脚跟靠拢,脚尖外展成90°(图5-1)。

(2)左脚向左前方迈出半步,两脚跟相对,两脚中间距离约为一脚长,两腿膝部微屈,松胯,重心大部坐在右腿,约前三后七;左臂平屈胸前,成半圆形,手心向里,前臂中段与脚尖上下相对,高与胸齐,手指自然微屈。右手置于腰部右前方,手心向里,臂成弧形,前臂外撑(棚圆);肩、肘松沉。胸部内含、腰松、脊正、敛臀、提肛(肛门括约肌略有收缩意念),头颈要直,口要微闭,舌尖轻抵上腭,呼吸自然,眼视左前臂;身体力求自然松顺,凝神息虑,意念专一(图5-2)。以上为左式,右式动作要求与左式相同(图5-3)。

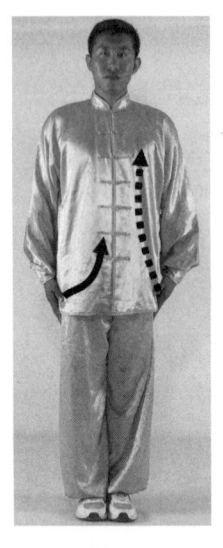
图5-1

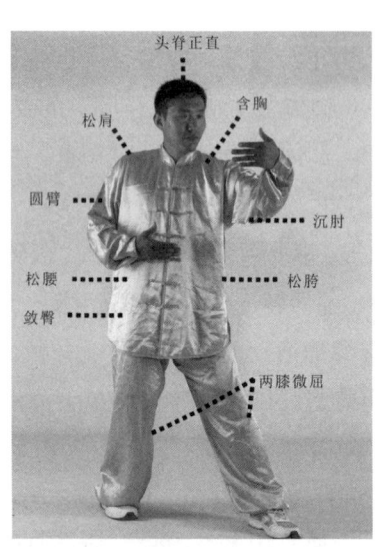
图5-2

图5-3

说明:练习时左右轮换,时间长短根据个人情况而定,待腿发热后再换式。

2. 探爪式

方法：（1）身体自然直立，两脚开立，与肩同宽，脚尖均直向前方，两臂自然下垂，眼向前平视（图5-4）。

（2）身体左转，右脚跟向后蹬，同时右手由下向上、向左提起，两前臂皆内旋（图5-5）。待右手上举略超过左肩时，左脚尖向外扭，左手提起，掌心向上，经右腕上方向前向上穿出（图5-6）。左掌穿出后，掌心慢慢转向下，落至齐胸，五指分开微屈，虎口撑圆，腕部微向下塌；同时，右掌由左上方慢慢内旋后撤，按于右胯旁，手指向前，腕部微向下塌，虎口向内，与右脚外侧上下相对，两腿微屈半蹲，膝部微向里合，两脚踏实，体重大部坐在右腿（约前三后七），两肩要松，两肘要垂，两手的食指微向上挑，掌心均内含，正脊。含胸、松腰、敛臀、头正、颈直、凝神息虑，呼吸自然，气沉丹田；眼看前手食指（图5-7）。以上是左探爪式。

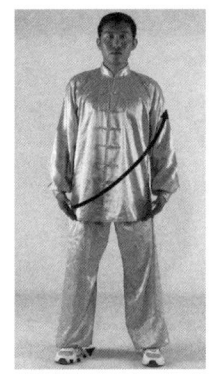

图 5-4

图 5-5

图 5-6

图 5-7

（3）由左式改换右式时，身体向右后转，先用左脚跟为轴，脚尖里扣，同时左前臂内旋上举，转成掌心向右，高过头顶，头部随身体向右转，眼看右方（图5-8）。上式不停，右脚尖向外扭直（向右），左手由上向下落到右肩前；右臂外旋，右手提起经左腕上方向上向前穿出（图5-9、5-10）。继之，右掌慢慢翻转向下，边落边推至体前，高与胸齐，五指分开微屈，虎口撑圆，腕部微向下塌。在右掌前伸的同时，左掌由右上方慢慢内旋后撤，按至左胯旁，手指向前，虎口向内，与左脚外侧上下相对，两腿微屈半蹲，膝部微向里合，两脚踏实，体重大部坐在左腿（约前三后七）；眼看右手食指（图5-11）。其他各部姿势要领都与左式相同。

图 5-8

图 5-9

图 5-10

图 5-11

图 5-12

说明：练习时左右式轮换反复，可由右式再变左式（图 5-12）。

二、虎形功

1. 虎踞式

方法：两脚开立与肩同宽，脚尖均直向前方，或稍外展，两胯要松，两膝微屈，两脚平踏，重心在两脚之间，两手放在两胯的前方，两臂均成弧形，手心向下，指尖向前，两手虎口向内，腕部微向下塌，五指分开，自然微屈，掌心内含；肩要松沉，肘微外开，两手微向下按（不可用力），头颈要直，口要微闭，面部自然，舌尖轻抵上腭，用鼻孔呼吸，胸要含，脊要正，松腰、松腹、敛臀、提肛，凝神息虑，呼吸自然平稳，保持匀、缓、深、长，眼平视前方（图 5-13）。

图 5-13

说明：此式主要注重心静、放松、调息三点。时间长短，因人而异。

2. 跃扑式

方法：（1）身体立正站好，两脚跟并拢，两脚尖外展成 90°，两手握拳屈肘置于腰部两侧，拳心向上，上体放松，眼平视前方（图 5-14）。

（2）身体微下蹲，左脚向左前方迈出，脚跟先着地，同时两拳经胸前钻起，拳心向内（图5-15）。随即左腿前弓成左弓步，两拳随之经下颏前慢慢变掌，翻转向前、向下推出（扑式），掌心向前，虎口相对，两腕部微向下塌；两臂成弧形，松肩、垂肘、掌心内含；头颈正直，含胸、正脊、松腰、松腹、敛臀、提肛，呼吸自然；眼看左手食指梢（图5-16）。

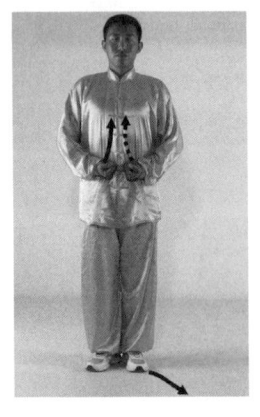
图5-14

图5-15

图5-16

（3）上式微停，重心慢慢后移，左脚收回原处，同时两掌慢慢下落变拳撤回腰部两侧。身体站起，归回原来立正姿势（图5-14）。

（4）右式动作与前左式相同，唯迈步和扑掌方向为右前方，步形为右弓步（图5-17、5-18）。

图5-17

图5-18

说明：(1) 左右式可以反复练习，次数多少，姿势高低，要根据个人体质情况而定。换式动作要柔和缓慢，不可僵硬急促。

(2) 在自然和顺的原则下，逐渐结合呼吸练习。当两拳上举时配合吸气；向前向下推掌时，配合呼气；其他动作过程可保持自然呼吸，利于调节。

三、猿形功

1. 猿捧式

方法：两脚开立与肩同宽，脚尖均向前方（或稍外展），两胯要松，两膝微屈。两脚踏平，重心在两脚中间，两手环抱置于小腹前（脐下 2~3 寸处），一手半握拳，拳心向上，轻轻放在另一手掌心之上（图5-19）。两臂成弧形，肩要松，肘微开。上体自然放松，凝神息虑，眼平视前方，其他要求与"虎蹲式"相同。

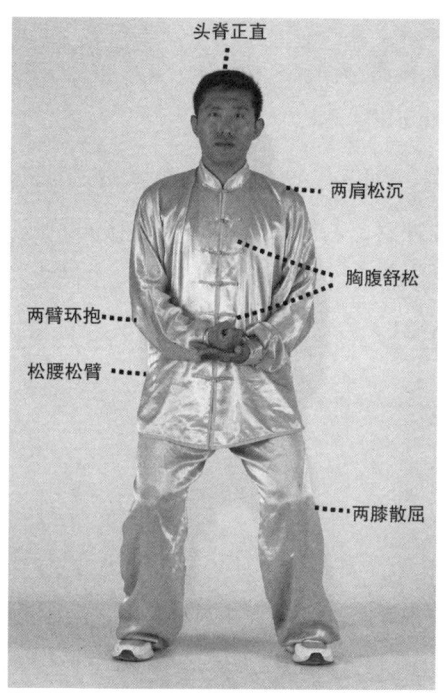

图 5-19

2. 攀枝式

方法：（1）身体立正站好，两脚跟并拢，两脚尖外展成 90°，两手握拳屈肘置于腰部两侧,拳心向上,上体放松;眼平视前方(图5-14)。

(2)由立正抱拳姿势,左脚向左前方迈出一步,脚跟着地,同时两拳变掌经胸前向左前方伸出,掌心向上,臂微屈(图5-20)。

图5-20

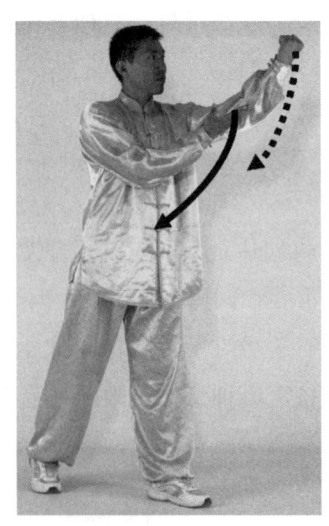
图5-21

(3)两掌继续向左上方伸出,两肘不要直;左手在前,右手在后,掌心均向上。同时体重慢慢前移,右腿伸直,右脚跟离地,重心移向左腿;头颈正直,身体舒展、敛臀、提肛。右脚跟虽离地面,但微向后蹬劲,与上伸之手有上争下衡之意,以牵制身体;眼看左手(图5-21)。

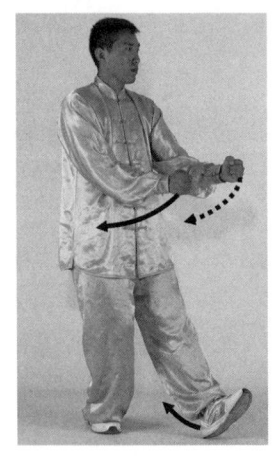
图5-22

（4）身体后坐，重心慢慢移于右腿，左脚尖翘起；两掌心由向上转成相对，并慢慢屈指握拳（随落随握）。两臂屈肘后收，如同拉树枝状；眼看左拳（图5-22）。

（5）上式微停，再将左脚慢慢收回原处，身体站起。两拳收于腰侧，还原预备姿势（图5-14）。

（6）右式动作完全与左式相同，唯左右相反（图5-23、5-24、5-25、5-26）。

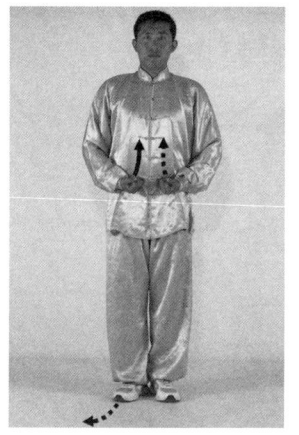

图 5-23

图 5-24

图 5-25

图 5-26

四、熊形功

1. 熊抱式

方法：（1）两脚开立与肩同宽，身体自然正直，两手下垂，眼平视前方（图5-14）。

（2）两腿微屈下蹲，两臂环抱于腹前，手心向里，手指尖相对，虎口向上，两手中间距离约为10厘米，两臂要撑圆，松肩、垂肘，五指自然分开；含胸，正脊，松腰，松腹，敛臀，提肛，其他要领与虎踞式相同（图5-27）。

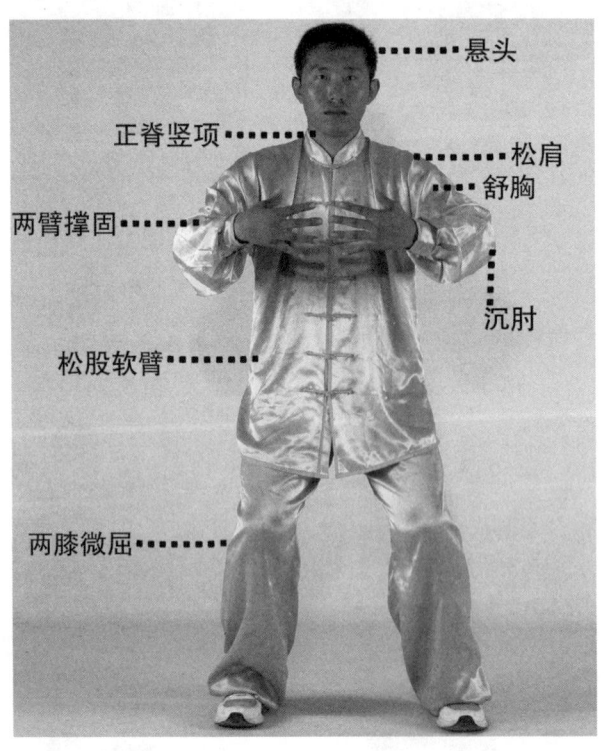

图 5-27

2. 摇膀式

方法：（1）两脚开立略宽于肩，两臂自然下垂，然后身体慢慢屈膝半蹲，向左转体，右臂随之向上向左抬起，前臂略向外旋，手心斜向里，眼神也随之向左看（图5-28）。

（2）上式不停，身体慢慢向右转，右掌边翻转边随身体向右划弧，停于身体右侧，高与胸齐,掌心转向下;左掌同时由下向右、向上划弧转动,停于右肘下方,掌心向上,体重大部坐于右腿,膝微屈,身体半面向右,左胯放松,右胯向后缩,完全用腰部带动旋转;眼看右手(图5-29)。

(3)上式微停,身体重心再慢慢向左腿转移,左掌上举至肩平,掌心转向里;右掌下落;眼看左掌(图5-30)。

(4)以腰为轴身体向左旋转;左掌随腰转向左划弧,掌心边翻转向下,停于身体左侧,高与胸齐;右掌随之由下向左、向上划弧转动,掌心转向上,停于左肘下方,身体成半面向左姿势;眼看左掌。其他同右式,唯左右相反(图5-31)。

图5-28　　　　　　　　图5-29

图5-30　　　　　　　　图5-31

说明:动作要以腰脊为主左右旋转,上下形成一个整体。不可腰身不转,只摆两臂。

用力要柔缓、均匀，不可紧张生硬。

以上四种象形功法，每种都分为站式和动式两种。练习时，可以四种站式练完再练动式；也可以练完一形（动、站两式）再练另一形；还可以因人、因体质而异地选练某一种或某一式。每一形的动式都可以反复地练习。例如，原地或行进间左右式交替反复，或在左（右）式基础上，不把脚收回，反复练习收放动作（重心移动、两腿屈伸、两臂起落等变化）。要掌握练功要则和每式的要领，不要过分受形式所拘，次数多少，时间长短，都要因人制宜适当安排。

五、调养功

方法：（1）两脚开立，与肩同宽，脚尖均直向前方，两臂自然下垂，头颈要直，表情自然，口微闭，舌尖轻抵上腭，上体放松，眼平视前方（图 5-32）。

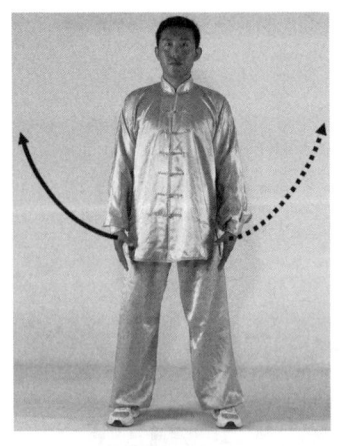 

图 5-32　　　　　　　　　　图 5-33

（2）两臂由两侧向上慢慢抬起，待起至与肩平时（图 5-33），两前臂外旋，两掌慢慢翻转向上，然后屈肘，两掌收于两额角前方，掌心均向下；眼仍平视前方（图 5-34）。

（3）上式不停，两掌慢慢由面部两侧经胸前向下落，同时屈膝松胯，身体随之下蹲，两掌由腹前慢慢向身体两侧分开，停于髋关节前方，指尖向前，虎口向内，腕部微向下塌。身体正直，胸要含，腰要松，敛臀，提肛，腹部舒松，气沉丹田，眼平视前方（图 5-35）。

（4）上式微停，然后身体慢慢站起，两臂再由两侧向上慢慢抬起，重复前述动作，反复循环。

说明：此功既可锻炼上体放松和培养下体力量，又能使学者逐步体会怎样用意识去引导动作，动作又怎样自然地结合呼吸，使意、气、力三者结合联系起来。

图 5-34

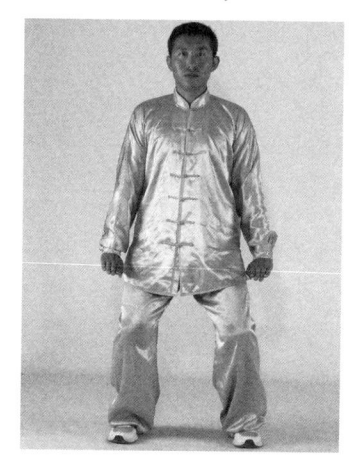

图 5-35

初学健身功法（包括各种气功动功）时，应采用自然呼吸。待熟练之后，逐步在顺乎自然的前提下，采用合适的速度，根据起吸落呼的原则，使动作和呼吸相结合。方法是：当两臂由下向上起时，结合吸气；当两掌经胸前下落身体下蹲时，应随着落势含胸、松肩，结合呼气，同时有意识地使腹部充实，气沉丹田，运用逆腹式呼吸的方法。实践证明，慢性病患者运用此法练功，效果很显著。有的人如果结合呼吸感到困难，则应继续采用自然呼吸，不要勉强结合。

上式还可以作为一种整理动作，当做完某些功法和拳法，感到呼吸短促不平时，用它来放松一下肢体，调顺气息，效果也是非常好的。

附录

参考资料

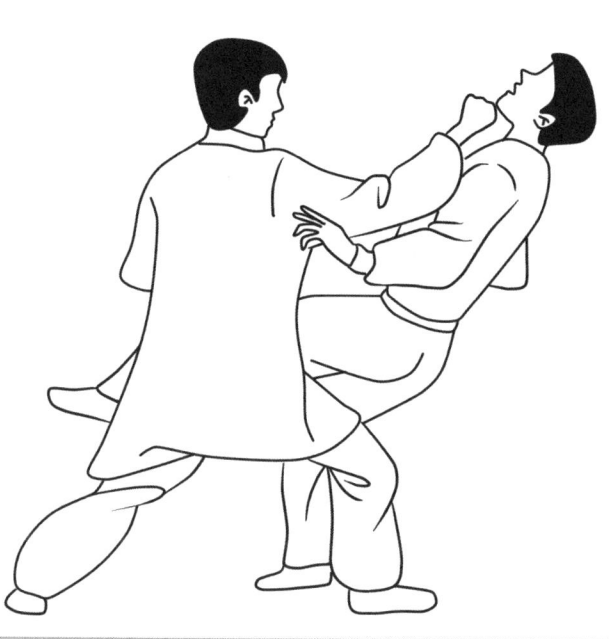

参考资料

这部分资料,是从各种旧抄本拳谱和中华人民共和国成立前出版的拳术著作中辑录的。引文依其原貌,个别处稍加压缩。

引文中有一些关于交手打法的论述和歌诀,可以帮助练习者体会拳法的要领、劲力和攻防含义,对实战训练也有一定参考价值。但资料中也有一些观点不易理解,有的作者和出处尚待考证,有些资料因版本不同,内容也不完全一致。请读者在参考时去粗取精,批判继承。并着眼于对身体的锻炼,切不可片面追求勇、疾、狠的致命打法。

太极歌:

心猿已动,拳势斯作,刚柔虚实,开合起落。

两仪歌:

鹰熊竞志,取法为拳,阴阳暗合,形意之源。

两仪说:

两仪者,拳中鹰熊之势,防守进取往来之理也。吾人俱有四体百骸,伸之而为阳(鹰势),缩之而为阴(熊势),故曰阴阳暗合也。前人见有鹰熊竞志,因取法为拳,防守像熊,进取像鹰,越此二势,其拳失真。名为形意者,像其形而思其意也。

三节说:

三节举一身而言,手肘为梢节,身为中节,脚腿为根节是也。分而言之,则三节之中亦各有三节也。如手为梢节，肘为中节，肩为根节，此梢节中之三节也。脚为梢节，膝为中节，胯为根节，此根节中之三节也。头为梢节，心为中节，丹田为根节，此中节中之三节也。要不外乎起、随、追而已，盖梢节起，中节随，根节追之，庶不致有长短曲直参差俯仰之病，此三节之所以贵明也。

三节即三体也，手为梢节，身为中节，足为根节，三节不明，周身是空，上中下三节总要分明，上节不明手多强硬，下节不明足多盘跌，中节不明浑身是空。

四梢说：

人之血、肉、筋、骨之末端曰梢，盖发为血梢，舌为肉梢，牙为骨梢，爪为筋梢。四梢用力，则可变其常态，能使人生畏惧焉。

1. 血梢：怒气填胸，怒发冲冠，血轮速转，敌胆自寒，发毛虽微，摧敌不难。
2. 肉梢：舌卷气降，虽山亦撼，肉坚似铁，精神勇敢，一言之威，落魄丧胆。
3. 骨梢：有勇在骨，切齿则发，敌肉可食，眦裂目突，惟齿之功，令人恍惚。
4. 筋梢：虎威鹰猛，以爪为锋，手攫足踏，气势兼雄，爪之所到，皆可奏功。

五行说：

五行者，金、木、水、火、土之谓也，如人之内有五脏，外有五官，皆与五行相配合。心属火，脾属土，肝属木，肺属金，肾属水，此五行之隐于内者；目通肝，鼻通肺，舌通心，耳通肾，人中通脾，此五行之著于外者。金生水，水生木，木生火，火生土，土生金，是五行相生之道也；金克木，木克土，土克水，水克火，火克金，此五行相克之道也。

六合歌：

身成六式，鸡腿龙身，熊膀鹰爪，虎抱雷声。六合者，鸡、龙、熊、鹰、虎、雷，形意拳之身法，六形合为一体也。又内三合，心与意合，意与气合，气与力合；外三合，手与足合，肘与膝合，肩与胯合，是为六合也。

七星歌：

用必七体，头、肩、肘、手、胯膝和脚，相助为友。七曜者，即头、肩、肘、手、胯、膝、足七体也，二七一十四个用法（头是双数），为拳中之要领。

打法歌诀：

1. 打法定要先上身，手脚齐到才为真，拳如炮形龙折身，遇敌好似火烧身。

2. 头打起意站中央，浑身齐到人难当，脚踩中门夺地位，就是神仙亦难防。

3. 肩打一阴返一阳，两手只在暗处藏，左右全凭盖势取，缩长二字一命亡。

4. 手打起意在胸膛，其势好似虎扑羊，沾实用力须展放，两肘只在肋下藏。

5. 胯打阴阳左右便，两足交换须自然，左右进取宜剑劲，得心应手敌自翻。

6. 膝打要害能致命，两手空晃绕上中，妙诀劝君勤习练，强身胜敌乐无穷。

7. 脚踩正意勿落空，消息全凭后腿蹬，蓄意须防被敌觉，起势好似卷地风。

七疾说：

七疾者，眼要疾，手要疾，脚要疾，意要疾，出势要疾，进取要疾，身法要疾也。习拳者具此七疾，方能完全制胜！

所谓纵横往来，目不及瞬，有如生龙活虎，令人不可捉摸者，唯恃此耳。

七顺说：

肩要催肘，而肘不逆肩；肘要催手，而手不逆肘；手要催指，而指不逆手；腰要催胯，而胯不逆腰；胯要催膝，而膝不逆胯，膝要催足，而足不逆膝，首要催身，而身不逆首。心气稳定，阴阳相合，上下相连，内外如一，此之谓七顺。

八要说：

八要者何，一、内要提；二、三心要并；三、三意要连；四、五行要顺；五、四梢要齐；六、心要暇；七、三尖要对；八、眼要毒也。

内要提者，紧撮谷道提其气，使上聚于丹田。三心要并者，顶心往下，脚心往上，手心往回也。

三意要连者，心意、气意、力意三者连而为一，屏谓内兰合也。

五行要顺者，外五行为五拳，内五行为五脏是也。四梢要齐者，舌要顶，齿要扣，手指脚趾要扣，毛孔要紧也。心要暇者，练时心中不慌不忙之谓也。三尖要对者，鼻尖、手尖、脚尖相对也。眼要毒者，谓目光敏锐而有威也。

八字诀：

八字者，顶、扣、圆、敏、抱、垂、曲、挺，八字是也。此八字为形意站桩的要点，凡拳式站定时，此八字具备，而每一字又有三种要求：

1. 顶——头向上顶，有冲天之雄，头为一身之主，上顶则后三关易通，肾气因之上达泥丸，以养性；手掌向外顶，有推山之功，则气贯周身，力达四肢；舌尖向上顶，有吼狮吞象之容，能导上升之肾气，下行归入丹田，以固命，是谓三顶。

2. 扣——两肩要扣，则前胸空阔，气力达肘；手背足背要扣，则气力到手，桩步力厚；牙齿要扣，则筋骨紧缩，是谓三扣。

3. 圆——脊背要圆，其力催身，则尾闾中正，精神贯顶；前胸要圆，两肘力全，心窝微收，呼吸通顺，虎口要圆，勇猛外宣，则手有裹抱力，是谓三圆。

4. 敏——心要敏，如怒狸攫鼠，则能随机应变；眼要敏，如饥鹰之捉兔，能予视察机宜，手要敏，如捕羊之饿虎，能先发制人，是谓三敏。

5. 抱——丹田要抱，气不外散，击敌必准；心气要抱，遇敌有主，临变不变；两肋要抱，出入不乱，遇敌无险，是谓三抱。

6. 垂——气垂，则气降丹田，身稳如山；两肩下垂，则臂长而活，肩催肘前，两肘下垂，则两肱自圆，能固两肋，是谓三垂。

7. 曲——两肘（臂）要曲，弓如半月，则力富；两膝要曲，弯如半月，则力厚；手腕要曲，曲如半月，则力凑，皆取其伸缩自如，用劲不断之意，是谓三曲。

8. 挺——颈项要挺，则头部正直，精气贯顶；脊、骨、腰要挺，则力达四梢，气鼓全身，膝盖要挺，则气恬神怡，如树生根。

九数歌（三体左站桩主要法则）：

1. 身：前俯后仰，其式不劲，左侧右倚，皆身之病，正而似斜，斜而似正。
2. 肩：头宜上顶，肩宜下垂，左肩成拗，右肩自随，身力到手，肩之所为。
3. 臂：左臂前伸，右臂在肋，似曲不曲，似直不直，过曲不远，过直少力。
4. 手：右手在肋，左手齐胸，后者微塌，前者力伸，两手皆覆，用力宜匀。
5. 指：五指各分，其形似钩，虎口圆满，似刚似柔，力须到指，不可强求。
6. 股：左股在前，右股后撑，似直不直，似弓不弓，虽有直曲，每见鸡形。
7. 足：左足直前，斜侧皆病，右足势斜，前踵对胫，随人距离，足指扣定。
8. 舌：舌为肉梢，卷则气降，目张发耸，丹田愈沉，肌容如铁，内坚脏腑。
9. 臀：提起臀部，气贯四梢．两腿缭绕，臀部肉交，低则势散，故宜稍高。

十二形取意：

龙有搜骨之法，虎有扑食之勇，猴有纵山之能，马有疾蹄之功，鼍有浮水之灵，鸡有争斗之性，鹰有捉拿之技，熊有竖项之力，骀有崩撞之形，蛇有拨草之精，鹞有钻天之势，燕有抄水之巧。

十六处练法：

1. 寸——足步也。

2. 践——腿也。

3. 钻——身也。

4. 就——束身也。

5. 夹——为夹剪之夹，即谷道上提，两股夹紧也。

6. 合——内外六合也。

7. 齐——疾毒内外如一也。

8. 正——正直也。看正却是斜，看斜却是正。

9. 胫——胫相磨而行也。即两足横度勿使开张也。歌曰"磨胫磨胫，意气响连声"。

10. 警——警起四梢也。火机一发物必落。

11. 起落——起是去，落是打。起亦打，落亦打。起落如水之翻浪。

12. 进退——进是步低，退是步高，进退不是枉学艺。

13. 阴阳——看阴却有阳，看阳却有阴。天地阴阳相合能以降雨；拳术阴阳相合才能打人，能成一致。

14. 五行——内五行要动，外五行要随。

15. 动静——静为本体，动为作用。若言其静，未漏其机，若言其动，未见其迹。动静是将发未发之间谓之动静也。

16. 虚实——虚是精也，实是灵也。精灵皆有成其虚实。拳经歌曰：精养灵根气养神，养功养道见天真，丹田养就长命宝，万两黄金不与人。

形意拳功法论

1. 三层道理：

（1）练精化气

（2）练气化神

（3）练神还虚（练之以变化人之气质，复其本然之真也）

2. 三步功夫：

（1）易骨——练之以筑其基，以壮其体，骨体坚如铁石，而形式气质威严壮似泰山。

（2）易筋——练之以腾其膜，以长其筋（俗云筋长力大），其劲纵横联络，生长而无穷也。

（3）洗髓——练之以清虚其内，以轻松其体，内中清虚之象，神气运用，圆活无滞，身体动转，其轻如羽。

3. 三种练法：

（1）明劲——练之总以规矩不可易，身体动转要和顺，不可乖戾，手足起落要整齐，不可散乱，拳经云：方者以正其中，即此意也。

（2）暗劲——练之神气要舒展而不可拘，运用圆通活泼而不可滞，拳经云：圆者以应其外，即此意也。

（3）化劲——练之周身四肢动转，起落进退皆不可着力，专以神意运用之，虽是神意运用，唯形式规矩仍如前二种，不可改移，虽然周身动转不着力，亦不能全不着力，总，在神，意、拳贯通耳。拳经云：三回九转是一式，即此意义也。

4. 三层呼吸：

第一层练拳术之呼吸，将舌卷回，顶住上颚，口似开非开，似合非合，呼吸任其自然，不可着意于呼吸，因手足动作合于规矩，是为调息之法则，亦即练精化气之功夫也。

第二层练拳术之呼吸，口之开合，舌顶上颚等规矩照前，唯呼吸与前一层不同。前者手足动作是调息之法则，此者息调也，前者口鼻之呼吸不过借此以通乎内外也，此层之呼吸，着意于丹田之内呼吸也，谓之练气化神之理也。

第三层之呼吸与上两层之意又不同。前一层是明劲，有形于外。二层是暗劲，有形于内，此呼吸虽有而若无，又名胎息，勿忘勿助之意思，即是化神之妙用也。心中空空洞洞，不有不无，非有非无，是为无声无息还虚之道也。此三层呼吸，为练拳术始终本末之次序，即一气贯通之理，自有而化无之道也。

十法摘要（节录）：

一曰三节

二曰四梢

三曰五行

四曰身法

五曰步法

六曰手法、足法

七曰上法、进法

八曰顾法、截法、追法

九曰三性调养法

十曰内劲法

（具体内容略）